IL Y A UNE FABULEUSE DANS CHAQUE *Foyer*

W0408714

50 PENSÉES POUR LA RÉVÉLER

www.premierepartie.com
Courriel : contact@premierepartie.com.
Couverture et composition : Progressif Média – www.progressifmedia.com
Remerciements à tous ceux qui ont accepté la difficile tâche
de relecture de ces pages.
Un merci particulier à Aurore Caudal, Clotilde Fourrier,
Cindy Ghys et Noémie Malengreaux.
Imprimé en France
Dépôt légal : 2e trimestre 2015
ISBN : 978-2-36526-100-5

ELLES ONT AIMÉ

« Ce livre est aussi frais et pétillant qu'il est vrai et percutant. Un magnifique ouvrage pour donner des ailes aux mamans. »

Christine Lewicki, auteur du best-seller **J'arrête de râler**

« Des chroniques fabuleuses… par leur bon sens, leur humour et surtout l'authenticité qu'elles reflètent. Des chroniques dans lesquelles toutes les mamans se reconnaissent, qu'elles aient fait le choix de rester au foyer un temps ou qu'elles jonglent entre vie pro et vie perso.

Une mention particulière à Hélène Bonhomme, la « matrice » de ce blog, qui nous démontre magistralement qu'on peut avoir une tête bien faite, un look hors pair et faire le choix d'être une maman fabuleuse, une épouse fabuleuse et surtout, avant tout, une nana fabuleuse… au foyer et partout ailleurs.

Et un immense merci à toutes celles qui l'ont rejointe dans ce livre pour nous offrir un moment de complicité entre filles… fabuleux. »

Mireille Legait, rédactrice en chef de **Neuf Mois**

« Ce recueil est riche en pensées positives qui stimulent notre capacité à être heureuse. Un petit livre écrit par une bande de filles toutes différentes les unes des autres mais toutes tellement fabuleuses ! Je vous conseille de vous y plonger à chaque coup de mou, à chaque moment difficile mais aussi à chaque moment de bonheur grappillé au fil des jours. Bonne lecture ! »

Claire Pouzin, 4 enfants, manager d'un groupe pop-rock

« Ces chroniques sont tout ce dont j'avais besoin ces temps-ci. Car être maman c'est un métier à plein temps, pour lequel aucune formation n'est dispensée ! Je découvre que non, je ne suis pas la seule à vivre des opérations commandos, des compromis avec mon balai, des négociations avec mon fer à repasser. Commence en moi le processus de déculpabilisation, alors du fond du coeur : merci ! »

Sophie, maman fabuleuse

« Ce livre déborde de vécu, de simplicité, d'authenticité, de légèreté. C'est frais, rigolo, *punchy* et doux en même temps. Ça donne envie d'être maman. »

Yaelle, 23 ans

REMERCIEMENTS

Merci à l'équipe de Progressif Média qui a mis tout son talent et tout son coeur dans ce projet. Un merci spécial à Thomas Ghys, Séphora Kilbert, Noémi von Gunten, Yolan Droz, Benjamin Corbisiero, Emmanuel Yeremian et Alexandre Bouscal. Force et honneur !

Merci à mon amie Cindy Ghys d'être à mes côtés en toute circonstance. Tu es l'encouragement incarné. Le meilleur est devant !

Merci à Pierre Chausse, Grégory Turpin et toute la dream team de Première Partie pour votre enthousiasme et votre confiance.

Merci à Éléonore de Galard de s'être plongée dans ces chroniques et d'y avoir laissé sa fabuleuse empreinte.

À mes parents et amis, Claude et Monique Riess : merci de m'avoir donné des racines et des ailes. À Arnaud, Bernadett et Madeleine, merci d'être *fabelhaft* et notre plus belle inspiration. À Clément, Sophie et Jean, merci d'être de ceux qui croient que tout est possible.

Merci à Candice de Saint Pern et à toute la famille Téva pour votre accueil.

Aux fabuleuses chroniqueuses : merci d'oser être vous-mêmes, tout simplement. Ceux qui ont l'honneur de vous côtoyer sont de sacrés veinards. Chacune d'entre vous est un véritable cadeau pour ma vie.

À Stéphanie de Tellier : merci d'y croire depuis le début. Merci à toi ainsi qu'à Claire Pouzin de rejoindre les fabuleuses jour après jour sur les réseaux sociaux.

Merci à Candice Combet pour son précieux soutien.

À la communauté des fabuleuses : vos interviews, messages, commentaires et interactions sur le web sont la preuve qu'il y a une fabuleuse dans chaque foyer. Sans vous, cet ouvrage n'aurait pas vu le jour. Merci !

Je ne pourrais lister ici toutes celles et ceux qui, de près ou de loin, ont apporté leur pierre à cet édifice. Je vous suis infiniment reconnaissante pour votre bienveillance et votre confiance.

Enfin et surtout, merci aux trois hommes de ma vie. David, je crois que le mot “fabuleux” a été inventé pour toi. Tu es un homme d’une rare générosité et ta bravoure est sans faille. Jour après jour, tu sais révéler la fabuleuse en moi. Vivre à tes côtés est ma plus belle aventure. À nos preux chevaliers, Adelin, bâtisseur de génie et Roman, vaillant guerrier : merci d’être le sens et l’essence de cet ouvrage. Je vous aime toujours et pour toujours.

Hélène Bonhomme

PRÉFACE

« MAMAN »

C'est fou comme ce mot si doux à nos oreilles peut parfois devenir oppressant. Oui, être mère est miraculeux et merveilleux. C'est aussi souvent inquiétant, prenant, énervant, épuisant !

Mais aucune ne ferait sans, aucune ne reviendrait en arrière. Si par moments nous mourrons d'envie d'appuyer sur pause, pour rien au monde nous n'appuierions sur stop.

C'est peut-être une évidence, mais au milieu du chaos quotidien, ne pas oublier cela est un combat.

Être mère, c'est comme être en bonne santé. On apprécie le don à sa juste valeur quand on ne l'a pas. Ou quand on ne l'a plus.

Et puis être mère, c'est un état, ce n'est pas une fonction. Il n'y a aucune règle imposée et il existe autant de façons d'être mère que de femmes et d'enfants sur terre.

Si vous avez besoin ou envie de travailler, eh bien travaillez !

Si vous préférez être au foyer, eh bien soyez au foyer ! L'important est d'avoir la foi, la foi en vos décisions.

Si vous assumez vos choix avec conviction, vous emporterez l'adhésion de tous.

Tout est possible. Forcément, vous êtes ***Fabuleuses.***

Mais attention, nous n'échappons pas aux erreurs ni à la fatigue. Nous sommes des fabuleuses humaines. Et puis, si ça n'était pas si difficile, nous ne serions pas si ***Fabuleuses.***

Quel temps j'aurais gagné si j'avais eu sous la main ces quelques pensées si pertinentes, drôles et réconfortantes !

Quand votre aîné claque la porte car vous osez lui demander de ranger sa chambre, que le bébé hurle en même temps car décidément, vous mettez trop de temps à venir le chercher, et qu'au milieu de tout ça, votre fille de huit ans vous demande : « Maman, je peux mettre du vernis à ongle rose, c'est trop beau ? »

Il y a des combats qui valent le coup d'être menés. D'autres moins… Va pour le vernis rose ! Lâchez prise, on en devient philosophe.

Il m'a fallu traverser quelques décennies et une bonne dizaine de vies pour en retirer deux ou trois règles de survie et de bonheur.

Eh bien vous toutes, digital mums hyper douées, vous avez raison ! À aucun moment vous n'êtes à côté de la plaque. Vous mettez de la légèreté quand il le faut, sans jamais être irrespectueuses. Vous donnez des conseils pleins de bon sens, sans jamais vous poser en donneuses de leçon. Vous ne nous jugez pas. Vous nous rappelez à l'essentiel.

Alors c'est décidé, je rempile !

Eléonore de Galard

5 enfants *|* ***1 mari artiste*** *(ce qui équivaut à deux enfants de plus)* *|* ***1 chien*** *|* ***7 jobs*** *(productrice de spectacles - gérante d'hôtel - cuisinière - prof de maths, français, philo, histoire, techno, SVT, physique-chimie, anglais, espagnol* et *latin - psy - femme de ménage - chauffeuse de taxi)*

LA PETITE HISTOIRE

Avant, ma vie c'était rédaction web, articles de presse, nuits au bureau et projets démentiels. Et puis, un petit matin de novembre, je suis devenue maman. De deux bébés en même temps. J'étais prête à relever le défi : être une femme épanouie, dans ma maternité comme dans mes projets personnels. C'était sans compter l'avalanche de lessives, les montagnes de biberons, les tonnes de couches, les nuits sans sommeil, les pleurs en stéréo. J'étais entrée dans le club très sélect et pas très glamour des mamans de jumeaux.

LE PLUS BEAU MÉTIER DU MONDE ?

Entre hard core et rigolo, exigeant et stimulant, j'ai découvert un métier qui demande une perception de soi-même plus que favorable. Moi qui raffolais du travail en équipe, je goûtais désormais à la solitude et aux journées interminables. Et puis, il y avait ce doute : « Suis-je nulle ? » « À quoi est-ce que je sers ? » Alors, j'ai fortement ressenti le besoin de m'entourer de mamans qui puissent me comprendre et m'inspirer.

DES CHRONIQUES OPTIMISTES

Ainsi est né le site ***Fabuleuses au foyer***. Entre les 10 couches et les 12 biberons quotidiens, j'allais pouvoir m'épanouir dans un projet personnel, mettre par écrit mes réflexions sur la vie au foyer, interviewer des mamans rayonnantes, apprendre à rire de mes erreurs, faire des rencontres formidables et, si possible, donner envie à d'autres fabuleuses de rejoindre le mouvement.

Suite à de belles rencontres et pour démultiplier la puissance de l'inspiration, mon blog personnel est devenu un blog collaboratif qui rassemble aujourd'hui une quinzaine de chroniqueuses, illustratrices, community managers ou organisatrices d'événements, qui sont de magnifiques fabuleuses de France, de Belgique, de Suisse et du Québec.

Fabuleuses au foyer, c'est aussi un rêve éveillé : le livre que vous tenez dans vos mains. Mais l'aventure ne fait que commencer. Autour de nous, il y a des milliers de fabuleuses qui s'ignorent. Tous les moyens sont bons pour les révéler !

Hélène Bonhomme

MODE D'EMPLOI

Mamans : ce livre a été conçu pour vous accompagner dans votre vie débordante et débordée. Embarquez-le dans votre sac à mains. Pensez à lui la prochaine fois que vous devrez attendre à la sortie du cours de danse. Et si vous n'avez pas d'autre pause, faites de lui le compagnon de vos arrêts pipi !

Laissez-le traîner sur la table basse ou sur votre table de chevet. Vous me direz certainement qu'à la fin de vos journées trépidantes, vous vous endormez dès la troisième page de n'importe quel bouquin. Bonne nouvelle : celui-ci est composé de pensées qui se lisent en trois minutes top chrono. Alors oui, vous vous endormirez sur ces pages, mais vous aurez au moins la satisfaction d'avoir fini un chapitre !

Cet ouvrage n'a pas la prétention de vous dire ce que vous avez à faire. Il est là pour vous rappeler qui vous êtes. Car dans le chaos de votre quotidien, une chose est certaine : vous êtes fabuleuse.

HÉLÈNE
BONHOMME

Là où l'empereur va seul

J'attrape chasseur #1 par les épaules et le dépose sur le canapé, devant un épisode de Oui-Oui. Sans perdre une seconde, je pars chercher chasseur #2, et l'installe aux côtés de son collègue.

FORCE ET HONNEUR, COURAGE ET LOYAUTÉ, CETTE FOIS J'Y VAIS.

Je m'élance vers la porte du fond. Attention, ils ont compris. Ils savent exactement où je vais. Ils sont déjà en route, et je peux entendre leurs petits chaussons résonner sur le parquet du salon.

Je me faufile derrière la porte du fond et la referme rapidement mais soigneusement, vérifiant qu'aucune des quatre mains n'a pu s'y coincer. La porte est fermée. Juste à temps, car j'entends déjà les petits grattements de l'autre côté, ainsi que les respirations haletantes qui trahissent une grande excitation.

Une chanson de mes années collège prend tout son sens : « J'irai où tu iras, mon pays sera toi, j'irai où tu iras, qu'importe la place, qu'importe l'endroit. »

Mes poursuivants m'ont retrouvée, mais pas débusquée. Je peux faire ce que j'ai à faire…

J'ai fini.

Il est temps maintenant de sortir du piège dans lequel je me suis moi-même enfermée.

J'enclenche la poignée et je pousse délicatement la porte pour ne pas blesser ceux qui ont installé leur QG de chasse juste derrière.

Je parviens à me glisser dans les vingt centimètres d'ouverture. Ceux qui me traquaient se jettent sur moi et s'agrippent à mes mollets. Je me traîne, chaque jambe lestée d'une dizaine de kilos, vers le lavabo, où je parviens tant bien que mal à me savonner les mains.

Dans une autre vie, j'aurais fait une retouche de fond de teint, j'aurais lissé ma mèche sur le côté et au besoin, je me serais remis du déodorant. Dans une autre vie.

Ben voilà, j'y suis allée. Où ça ? ***« Wohin der Kaiser allein geht. »*** Expression que je tiens de mon arrière-grand-mère : ***« Là où l'empereur va seul »***. Là où l'impératrice voudrait aller seule, mais voilà, ce n'est pas toujours gagné d'avance.

Fabuleuses : vous avez entre les mains cinquante petits bonheurs pour votre quotidien. Offrez-vous une pause ! Même les toilettes sont un bon prétexte pour arrêter le temps. Ce sera certainement un parcours du combattant. Mais j'en suis persuadée : vous trouverez bien trois minutes par jour. ***Prenez soin de vous !***

OFFREZ
VOUS
UNE
PAUSE

HÉLÈNE
BONHOMME

Longues journées, courtes années

« Profitez, ça passe trop vite. » Si vous entendez cette phrase, c'est que vous venez d'entrer dans le club pas très sélect des parents. En guise de bienvenue, on vous prévient tout de suite que l'aventure dans laquelle vous venez d'être parachutée va passer vite.

PROFITEZ MAINTENANT OU NE PROFITEZ JAMAIS.

Trop vite. Ça passe vite, d'accord. Mais pourquoi est-ce qu'ils se sentent tous obligés de nous préciser qu'il faut *« profiter »* ? Très rapidement, vous comprenez : les journées sont longues. On se lève bien avant l'aube. On se traîne jusque bien après le coucher du soleil.

Tu as les mains qui sentent continuellement les excréments ou au mieux la crème de change à l'huile de foie de poisson ? Profite ! C'est le quatrième t-shirt émaillé de purée de petits pois que tu inondes de détachant aujourd'hui ? Profite ! Tu remets les casseroles dans le placard pour la cinquième fois ? Profite ! Profite ! Enjoy !

Les journées sont longues. Mais les autres parents nous ont briefés : il faut ***profiter***. Alors lorsque l'on crie pour rien, lorsque l'on n'arrive plus à penser qu'à notre manque de sommeil, lorsque l'on regarde tout le temps sa montre pour vérifier si ce n'est pas l'heure de la sieste des bambins… on culpabilise.

Parce qu'on nous a prévenus : il faut profiter. Mais voilà, il y a des jours où on n'y arrive pas. Des jours où les bisous, les câlins et les éclats de rire laissent place aux déceptions et à l'épuisement. Et plus on se décourage, plus on se sent coupable.

Parce qu'on nous a prévenus : les années sont courtes. L'autre jour, une fabuleuse me racontait qu'elle avait pleuré à chaudes larmes en se séparant des derniers vêtements de bébé qui restaient dans sa maison.

« Profitez, ça passe trop vite. » En somme, ***« si vous ne profitez pas maintenant, vous le regretterez plus tard. »***

Longues journées, courtes années. Le paradoxe de la parentalité.

Dans la vie, il y a des saisons. Des saisons où les poubelles à couches se remplissent plus vite que les agendas de sorties entre amis, où des hurlements bercent nos jours comme nos nuits. Et puis, il y aura une saison où le silence nous fera mal aux oreilles.

Vous avez un petit coup de mou ? Le mot ***« profiter »*** vous fait rire jaune ? N'abandonnez pas. Gagnez du terrain sur l'insatisfaction. Apprenez, petit à petit, à aimer votre vie.

« Profitez » : commencez à chercher les petits détails du quotidien qui font que finalement, la vie est belle. Parce qu'on ne retrouvera jamais le passé. Parce que l'avenir n'est pas encore là. Parce que le seul moment que l'on peut changer, c'est maintenant.

“
LE MOMENT PRÉSENT A UN AVANTAGE SUR TOUS LES AUTRES : IL NOUS APPARTIENT
”
Charles Caleb Colton

STÉPHANIE
DE TELLIER

Une histoire de temps

TOUTES LES MAMANS LE SONT À PLEIN TEMPS.

Je suis urbaniste. Et je suis une maman. Sur mon contrat, il y est écrit que je suis aux 35 heures, donc ***« à temps plein »***. C'est drôle, je n'ai pas l'impression que c'est d'urbanisme que mon temps est plein !

Dans des contrées plus ensoleillées que les nôtres, les gens s'amusent à dire qu'ils « ont le temps », alors que les occidentaux « ont l'heure ».

C'est sûr, « j'ai l'heure » : l'heure du bain de Mathilde, l'heure de la nounou de Mathilde, l'heure de l'histoire de Mathilde, l'heure du dodo de Mathilde. L'heure est d'ailleurs souvent dépassée ! Sauf pour partir du travail. Parce que ma seconde vie m'attend.

Souvent, elle ne se fait pas attendre. Elle entre dans ma vie d'urbaniste. Là par exemple, je devrais continuer la production d'une carte, d'un schéma et d'une préconisation. En vrai, sournoisement cachée derrière mon écran, je cherche des sandalettes blanches taille 23.

J'aime pourtant ce que je fais. Mais pour moi, impossible de cloisonner. Pour je ne sais quelle raison, la plupart des hommes ont la capacité de se concentrer sur leur job et d'arriver à décrocher de leur rôle de papa pendant un temps.

Je crois que pour la majorité des mamans, c'est impossible. En réunion, elle se font leur propre brainstorming intérieur : ***« Est-ce que j'ai bien mis le goûter dans le cartable ? Est-il assez couvert ? Il faut que je prenne RDV chez le dentiste. Au fait : suis-je assez disponible pour eux en ce moment ? ... »***

Je suis ***"mathildisée"*** et j'aime ça. Heureusement que la plupart du temps, je suis assez efficace pour tout faire dans les temps...

Et vous, vous avez le temps, de temps en temps, de prendre le temps ?

Le jour
où vous prenez
votre premier-né
dans vos bras,
vous comprenez
que votre
coeur, votre tête
et votre corps
ne seront plus jamais
en mode « off ».
11
10
9
8
7

HÉLÈNE
BONHOMME

Le foyer c'est rétro ...

Que vous ayez ou non une activité professionnelle, le fait d'avoir des enfants fait de vous la co-gestionnaire du foyer, ce lieu rarement reposant, parfois charmant, souvent repoussant.

Le foyer, c'est l'âtre de la cheminée. Parfois, on s'y brûle un peu les doigts. Mais le foyer est là pour nous réchauffer. Alors on y apporte de nouvelles bûches et on y entretient de bonnes braises.

Un foyer, c'est aussi un bâtiment permettant le regroupement de personnes : foyer d'accueil ou orphelinat, foyer des artistes dans les théâtres, foyer de charité… Le foyer, c'est un lieu d'insertion, de réinsertion, de protection. ***Un lieu qui donne des racines et des ailes.***

Il y a aussi foyer comme foyer fiscal : groupe de personnes liées, rattachées les unes aux autres, considérées comme un groupe fort et indissociable. ***Le foyer ou « apprendre à être ensemble ».***

Le foyer dans les sciences, c'est un lieu de convergence, d'émergence ou de concentration. C'est le point caractéristique de certaines figures géométriques. En optique, le foyer est le point où convergent les rayons lumineux. En médecine, les épidémies partent du foyer de contagion. En géologie, le foyer est le point de naissance d'un séisme. ***Tout vient du foyer,*** et ***tout part du foyer.***

Et puis il y a foyer comme logement d'une famille, d'un ménage. Maison, appartement, ***lieu chaleureux où l'on a envie de se sentir bien.***

À un moment ou à un autre de la journée, toutes les mères sont "au foyer" !

Le foyer, c'est quoi ?

Le lieu d'épanouissement par excellence,
plutôt que le lieu à fuir à tout prix.

Le symbole de nos plus grandes frustrations
et de nos plus belles victoires.

Le point de convergence de nos aspirations
et le point d'émergence de nos rêves.

L'endroit qui occupe nos pensées,
même quand on n'y est pas.

Une bouffée d'air frais pour tous ceux qui passent la porte,
à commencer par nos fabuleux.

Un lieu sain et sécurisé pour nos enfants.

Un endroit qu'on valorise,
qu'on y soit « à plein temps » ou pas.

Jamais une punition. Toujours une inspiration !

Un mot un peu rétro mais plus tendance que jamais.

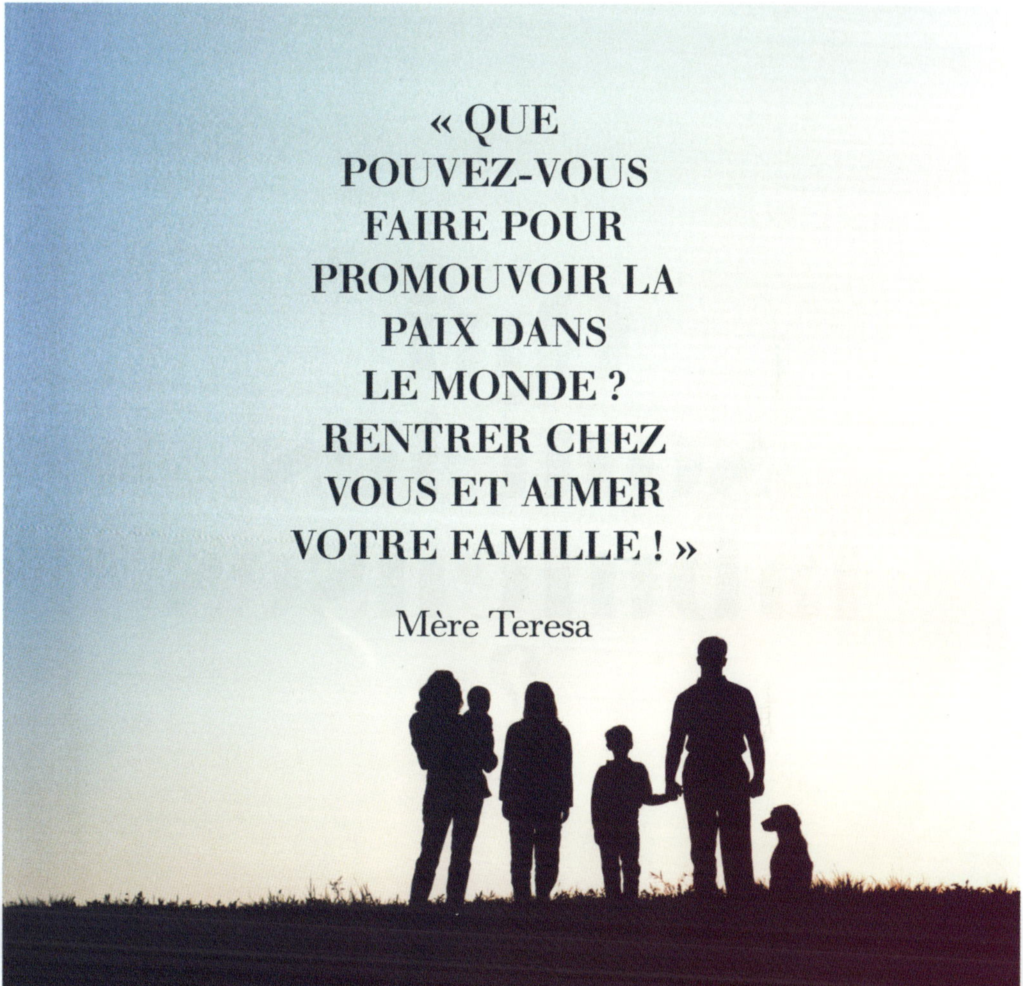
« QUE
POUVEZ-VOUS
FAIRE POUR
PROMOUVOIR LA
PAIX DANS
LE MONDE ?
RENTRER CHEZ
VOUS ET AIMER
VOTRE FAMILLE ! »
Mère Teresa

HÉLÈNE
BONHOMME

Qui sont les fabuleuses ?

RÂLEUSES

Elles ont voulu avoir des enfants. Et puis, quand c'est arrivé, elles se sont mises à grogner contre le vide intersidéral qui s'est installé dans leur vie sociale, à pester contre la machine à laver et à ronchonner quand Monsieur rentre tard.

JOYEUSES

Mais comme elles ne veulent pas devenir mégères, elles sortent, elles lisent, elles rêvent.

MYSTÉRIEUSES

What happens in the foyer stays in the foyer.
Sauf pour les coups de blues, les ras le bol, les fous rires, les petites victoires et les instants glamour.
À partager sans modération !

POURVOYEUSES

De biscuits fourrés, de bouchées à la reine,
de slips propres, de câlins.

NETTOYEUSES

De vitres, de frigo, de popotins.

GÉNÉREUSES

Solidaires, compatissantes et prêtes à partager leurs expériences. Rassurées, surtout, d'apprendre qu'elles ne sont pas les seules à traîner à la maison en jogging troué, trempé de la morve de leurs rejetons.

CURIEUSES

Il y a de jeunes fabuleuses qui ne sont pas encore au foyer et qui ne seraient pas contre quelques détails croustillants. Histoire de se faire une idée.

MIRACULEUSES

Parce qu'il y a des jours où survivre au foyer tient de l'exploit. N'ayons pas peur des mots.

ASTUCIEUSES

Les bons plans, les bonnes adresses et le système D, ça les connaît. Leur mot d'ordre : talent, créativité, inspiration.

PRÉCIEUSES

Ni apologistes ni militantes, elles n'ont rien à prouver. Elles sont les héroïnes du quotidien. En tout cas, ça leur fait du bien quand on le dit.

NOMBREUSES

Au foyer en continu, ou au foyer matin et soir, ou encore au foyer le week-end et les vacances : même combat. Toutes les mamans le sont à plein temps !

FABULEUSES

Des femmes comme vous et moi, mi fées du logis mi matrones asociales, un peu geek sur les bords, qui aiment leur vie malgré tout, et qui croient au présent, envers et contre tout.

Thank God
I'm Fabulous

STÉPHANIE
DE TELLIER

T'es cool toi ?

AVANT JE VOULAIS ÊTRE UNE MEUF COOL, MAIS ÇA, C'ÉTAIT AVANT.

J'ai toujours rêvé d'être cool. Une meuf cool, une coloc cool, une amie cool, une épouse cool, et maintenant une maman cool. Quelqu'un qui ne « se prend pas la tête », qui « prend la vie comme elle vient », qui a fait de « carpe diem » son mantra.

Sauf que moi c'est plutôt « Oh f*, p*, ch*, j'ai raté les pâtes, le rendez-vous chez le pédiatre et ma manucure ! » Non je plaisante, je n'ai évidemment pas le temps de faire une manucure ! Mais je dis beaucoup de gros mots.

En fait, je me sens victime d'une certaine forme de dictature du cool. ***Depuis toujours, je cours après le train de la coolitude.***

Absurde non ? On ne court pas quand on est cool ! Ça mène à quoi tout ça ? Mon fabuleux me dit que je fais l'abeille : jolie manière de dire que je saoule tout le monde à courir partout pour que ça brille, que ça sente bon, que ce soit bio et que ce soit clean. Et que ma fille soit peignée. Et ma blouse repassée. Je cours après l'image de ma perfection qui, quand elle sera atteinte, fera de moi une nana cool.

Tout ceci génère évidemment frustration et culpabilité. Un objectif doit être SMART = Spécifique, Mesurable, Atteignable, Réaliste, Temporellement défini. Ce n'est pas de moi, c'est de quelqu'un de très intelligent qui visiblement ne connait pas grand chose à la vie de maman ! On a dit atteignable et réaliste, donc une maison propre, des enfants formidables qui mangent bio et local, un mari comblé, un job de rêve, une ligne d'enfer et un sourire bright. Bon ben voilà quoi...

Moi je n'y croyais plus. Je le voulais pourtant, de toutes mes forces, mais je n'y croyais plus. Jusqu'au jour où je suis tombée sur les chroniques des Fabuleuses. Et là, paf ! (j'adore dire paf ! C'est "so eighties") : j'ai eu de nouveau envie d'y croire.

Parce qu'au fond de moi, ce n'est pas une meuf cool que j'ai toujours voulu être.

C'est une fabuleuse !

Alors j'y travaille (antithèse du cool je vous l'accorde, le cool ne travaille pas, il glisse sur la vie tel un dauphin). ***Je travaille à faire glisser sur moi les accrocs de l'existence, à aimer que ma fille ait un épi, à savourer les pizzas du camion d'en bas et à mettre en lumière la fabulosité de ma vie.*** Alors merci aux fabuleuses ; c'est si bon de ne plus être seule !

“
J’AI
DÉCIDÉ
D’ÊTRE HEUREUX,
PARCE QUE
C’EST BON
POUR LA SANTÉ
”
Voltaire

CINDY
GHYS

7
Domicile adoré, pas facile de s'accorder

« DO-MI-SI-LA-DO-RÉ », LE RÊVE DE TOUTE MAMAN : AVOIR UN FOYER SANS COUIC, SANS COUAC, SANS OUTCH, NI AÏE !

Mais à défaut de faire tourner les serviettes en mode « pom pel up » debout sur une chaise, parfois, souvent, la musique ce sont des violons qui grincent, des accords qui sonnent faux, des notes qui donnent des rides, des crampes aux ventre et des maux de dos.

Lorsqu'on assiste à une représentation, on peut s'étonner de cette impression que la musique glisse sous les doigts des artistes, telle une colombe qui prend son envol avec facilité et légèreté…

Sauf qu'en réalité c'est de la sueur, du trac, des ratés, des déceptions, des heures, encore des heures, du courage, de la persévérance, des doutes, du succès, de la solitude.

Certes, dans nos foyers il semble parfois y avoir comme un bémol : ***« Mets-la en sourdine », « Descends d'un ton », « Tu veux pas changer de disque un peu ?! », « Je suis complètement sonnée », « J'ai envie de tout faire valser… »*** ou encore ***« Ce n'est pas à moi que tu vas apprendre la chanson », « Flûte alors ! », « C'est toujours la même mélodie »,*** sans oublier ***« Force un peu la cadence »,*** ou le regrettable ***« Décidément, il résonne comme un tambour celui-là »***…

Se mettre au diapason, cela demande du temps, des répétitions, des coups de gueule, de la fatigue, des soirées voire des nuits gâchées. Et un jour, ce fameux trémolo qui ne passait jamais sonne enfin. Et vous pouvez commencer à fermer les yeux pour savourer cette mélodie qui bouillonnait dans vos tripes et qui peut enfin ravir les oreilles de tous !

Courage les Fabuleuses ! Continuez de donner le LA. Dans les foyers comme en musique, parfois, souvent, ça fait ***« couac »*** et demain ce sera un ***« hourra »*** triomphal.

VOTRE PASSÉ NE DÉTERMINE PAS VOTRE AVENIR.

HÉLÈNE
KNEUSS

Les sept familles

LA PSYCHOTHÉRAPIE DU FOYER, DES PARTAGES, DES BONHEURS, DES JOIES ET DES PEINES… PARFOIS CELA NE SUFFIT PAS !

Pourtant, dans mon jeu des 7 familles il y avait :

La famille ***« Jardin Zen »***, celle où rien ne dépasse.
L'équilibre parfait, la transcendance de l'harmonie…
calme et volupté.

La famille ***« Fengshui »***, celle où chacun trouve
sa juste place et s'épanouit.

La famille ***« Paris Match »***, sourires ultrabright
et chemises repassées.

La famille ***« Scout toujours »*** un pour tous, tous pour un.

La famille ***« Indiana Jones »*** et sa quête du Graal.

La famille ***« Open bar »***, éclatons-nous, carpe diem !

La famille ***« Post-it »*** multitâche et collante…

Que faisons-nous de ces petits et gros cailloux dans l'engrenage bien huilé de nos certitudes ? Des équations irréductibles à plusieurs inconnues ? Que faisons-nous des larmes, des doutes, des chutes et des déroutes ? Que faisons-nous de nos silences ? Que faisons-nous de nos limites ?

Oui, parfois la famille ***« Jardin Zen »*** est en broussailles.
La famille ***« Fengshui »*** est en désordre.
La famille ***« Paris Match »*** a pris quelques rides.
La famille ***« Scout toujours »*** a perdu sa boussole.
La famille ***« Indiana Jones »*** est embourbée.
La famille ***« Open Bar »*** a fait faillite, erratum ?
La famille ***« Post-it »*** s'est décollée.

Et parfois dans la famille ***« La vraie vie »***
on demande le joker...
Alors piochons dans nos bonheurs, nos sourires, nos étoiles, nos trésors. Ne passons pas notre tour. Donnons-nous une chance.

Dans la famille ***« Amour »***, que demandons-nous ?

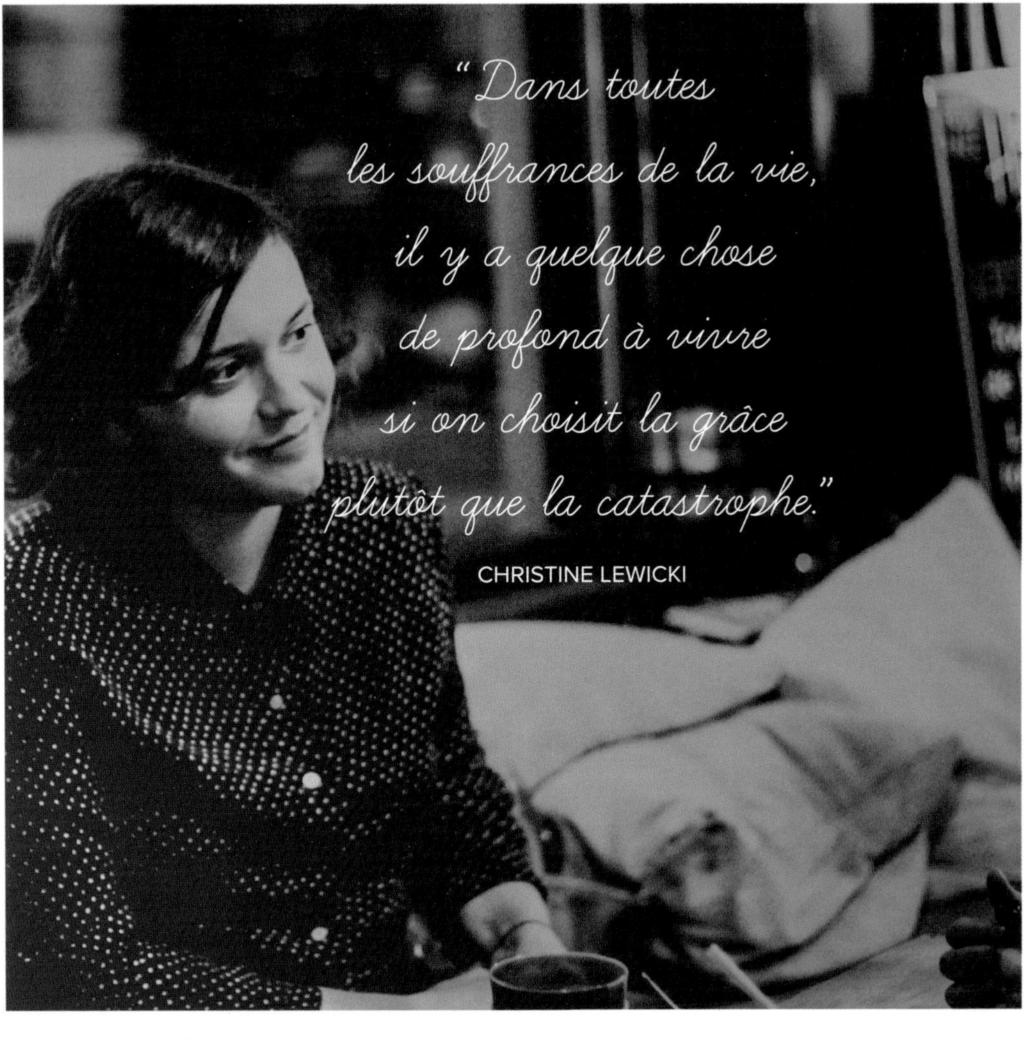
"Dans toutes
les souffrances de la vie,
il y a quelque chose
de profond à vivre
si on choisit la grâce
plutôt que la catastrophe."
CHRISTINE LEWICKI

REBECCA
DERNELLE-FISCHER

Ma meilleure amie

« Rebecca, cette fois-ci pour ton anniversaire, tu peux nous éviter ta crise d'identité annuelle ? » Je n'ai pas le temps de répondre. Mon mari continue sa phrase « Non, tu n'es pas une mauvaise mère, ni une mauvaise épouse. Non, tu n'es pas parfaite, mais personne ne voudrait que tu changes. »

QUAND IL EST QUESTION DE CULPABILITÉ

Je n'ai jamais rencontré de pièce de puzzle en train de se plaindre de ne pas pouvoir remplir une autre place que la sienne. Par contre, je connais beaucoup de mamans qui ont toujours un immense sentiment de culpabilité qui leur colle au ventre. J'en fais aussi partie, bien trop souvent. C'est qu'au fond, on a toujours un peu l'impression de ne pas être « assez » : pas assez présente pour les enfants, pas assez efficace, pas assez mince, pas assez intelligente, pas assez conséquente, pas assez calme… Tandis que « les autres, elles sont toutes bien meilleures que moi et on les aime comme elles sont ».

Quand vous arrivez chez votre meilleure amie et que le chaos règne, vous n'avez aucun problème à vous asseoir à ses côtés pour discuter tranquillement. Lorsque ses enfants se comportent comme des petits monstres, vous en rigolez. Elle est un peu petite et bien en chaire ? Mais où est le problème ? Vous aimez son humour et ses histoires. Elle a oublié votre anniversaire, et alors ? Votre amitié pour elle ne dépend vraiment pas de ça. Vous l'appréciez, comme elle est. Et le jour où, débordée, elle s'effondre en larmes dans vos bras, cheveux mal lavés et t-shirt dégoulinant de nourriture pour bébé, vous la serrez un instant et vous la consolez, vous êtes là pour elle. Vous lui rappelez qui elle est.

Oh, comme j'aimerais être mon amie à moi parfois, ma meilleure amie… arrêter de me mettre des contraventions pour tout ce que je rate ou que je n'ai pas encore fait, ne pas me concentrer sur tout ce que je ne suis pas, ne plus prendre mes décisions en fonction de ce que les autres pourraient penser, brûler ma *to do list* qui n'en finit jamais, faire taire les voix du passé qui m'accusent encore…

Me lever en mon nom, vivre ma vie, libre, à mon rythme, décider de ce qui est important pour moi… Accepter mes limites, ne plus paniquer quand je réalise que je suis imparfaite mais aimer ce que je suis devenue, qui je suis. M'aimer, me traiter avec gentillesse et sans culpabilité.

Et si je commençais aujourd'hui et recommençais demain ?

Et si vous aussi, vous laissiez la culpabilité de côté ?

Et si vous deveniez votre propre meilleure amie ?

Et si le matin, en vous regardant dans le miroir, vous vous disiez : ***« Allez, courage, tu es une fabuleuse, le cœur de ce foyer, tu es en vie, tout va bien… tu es spéciale, merveilleuse, et je t'aime telle que tu es ».***

ET SI VOUS
LAISSIEZ LA
CULPABILITÉ
DE CÔTÉ ?
ET SI VOUS
DEVENIEZ VOTRE
PROPRE
MEILLEURE AMIE ?

HÉLÈNE
BONHOMME

10

Madame Fabuleuse

DIS-MOI CE QUE TU PENSES ET JE TE DIRAI QUI TU ES.

« Fabuleuse », comme merveilleuse, formidable, héroïne du quotidien, qui accomplit des exploits en secret.

Pourtant, il n'y a pas que du fabuleux dans son quotidien. Il y a beaucoup de ratés, de frustrations, d'énervement. De la mauvaise humeur, des cris parfois, et de la culpabilité.

« Fabuleuse » : un peu exagéré ? Un peu prétentieux ?

Non. Parce que les mots ont une puissance. Plus on va dire à une femme qu'elle est fabuleuse, plus elle va le croire et oser le devenir.

« Fabuleuse », comme *« qui fabule »*, qui aime rêver sa vie.

« Fabuleuse », comme un credo : il y a une fabuleuse dans chaque foyer.

Mamans qui lisez ces lignes, vous êtes des fabuleuses qui s'ignorent.

La bonne nouvelle, c'est que pour le devenir, il n'y a rien à faire.

Il suffit d'y croire !

« Vos croyances deviennent
vos pensées, vos pensées deviennent
vos mots, vos mots deviennent
vos actions, vos actions
deviennent vos habitudes,
vos habitudes deviennent vos valeurs,
vos valeurs deviennent votre destinée »
MAHATMA GANDHI

SANDRA
DUBI

Semer dans la bonne terre

Semer dans la vie de ses enfants est certainement le plus difficile, mais aussi le plus gratifiant pour une mère.

SI TU VEUX INFLUENCER POUR UN PEU DE TEMPS, PLANTE UN POTAGER. SI TU VEUX INFLUENCER POUR LONGTEMPS, PLANTE UN ARBRE. SI TU VEUX INFLUENCER POUR TOUJOURS, PLANTE DES HOMMES !

On dit souvent qu'en fin de vie, ce qui compte le plus pour les gens, ce sont leurs enfants et petits-enfants. L'illusion aujourd'hui, c'est qu'il faut fuir le foyer pour être heureux ! Semer dans la vie de ses enfants, ce n'est pas facile. Loin de là. Vous êtes tout en même temps : avocate, juge, policière, chef cuistot, enseignante, général en chef, blanchisseuse et tout le reste... mais quand vous vous couchez le soir, vous vous endormez avec la grande satisfaction de semer dans la bonne terre.

Oui, c'est difficile. Mais finalement, à l'échelle d'une vie de 80 ans, le temps qu'on investit dans nos enfants est court : lorsqu'ils passent 13 ans, on a déjà mis en terre une immense partie de ce qui pouvait l'être.

Beaucoup de femmes vivent dans la prison de la frustration. Elles voient les enfants comme un frein à leur épanouissement. Effectivement, si l'on écoute ce qu'on nous dit, avoir des enfants est l'une des pires choses qui puisse nous arriver : « tu ne peux plus rien faire, tu n'es jamais tranquille, tu n'as plus de vie… ».

Oui, on peut accuser les enfants de voler notre vie. Mais on peut aussi choisir de changer de lunettes : ***et si c'étaient eux qui nourrissaient nos rêves, nos passions, nos projets ?***

Fabuleuses, soyez inspirées et encouragées à ne pas abandonner. Ce que vous faites au quotidien a une valeur inestimable !

"
LES MÈRES
SONT L'ANTIDOTE
LE PLUS PUISSANT
CONTRE LA
PROGRESSION
DE L'INDIVIDUALISME
ÉGOCENTRIQUE
"
Pape François

HÉLÈNE
BONHOMME

Je veux tout

Les célibataires rêvent de se mettre en couple. Les couples sans enfant rêvent d'en avoir. Les parents rêvent d'être sans leurs enfants. Et quelques années plus tard, quand la maison sera vide, ils se languiront de leurs bébés.

LA VIE
EST FAITE DE SAISONS.

Tous plus différents les uns que les autres, nos parcours sont jalonnés d'étapes : faire des études, déménager, intégrer un nouveau groupe d'amis, entrer dans le monde du travail, se marier, changer de métier, travailler en couple, monter une entreprise, attendre un enfant, être en repos forcé, avoir des nuits entrecoupées, lâcher son travail, devenir mère au foyer, reprendre le travail, attendre un autre enfant, voir ses petits quitter le nid…

À chaque fois que l'on passe à une nouvelle saison, le temps d'adaptation est plus ou moins long et plus ou moins douloureux.

Ces changements ont pour conséquences :

- ***des luttes extérieures :*** réorganisation du temps, de l'espace, de la famille, des relations…

- ***des luttes intérieures :*** insatisfaction de ne plus pouvoir faire comme avant, frustration de ne plus partager son quotidien avec les mêmes personnes qu'avant, impression de ne servir à rien, perte de confiance en soi, jalousie, solitude, sentiment de rejet…

Voici une réalité qui m'a libérée :
« La vie est faite de saisons. »

Certes, on ne peut pas tout faire en même temps. Mais à l'échelle d'une vie, on peut (presque) tout faire ! Construire son couple, élever ses enfants, développer ses talents, aider les autres, gagner de l'argent, dépenser, faire du sport, voyager, prendre le temps, sortir de chez soi…

Je refuse de vivre dans l'attente de l'avenir ou dans les regrets du passé.

J'ai décidé d'apprendre à aimer chaque saison de ma vie !

"Il y a un temps
pour tout et un moment
pour toute chose
sous le soleil."
L'Ecclésiaste

REBECCA
DERNELLE-FISCHER

13

L'ascenseur des humeurs

GRATITUDE ATTITUDE

Lundi matin. Après un week-end bien rempli, je commence ma semaine, fatiguée, dans un appartement mal rangé. Ma petite de deux ans et demi a une gastro-entérite carabinée. Elle gémit dans mes bras. Le contenu de son lange est étalé sur mon pyjama. Et là, je vacille entre la crise de nerf et le fou rire. Je choisis de rester calme et je réfléchis à mon prochain statut Facebook.

Consignes à moi même : respirer profondément (finalement non, si on prend en compte l'odeur) et penser à la machine à laver qui fonctionne. Bien entendu que mon pyjama est sale, que mes mains puent et que ma journée consistera en gros à faire des lessives, aller chez le pédiatre et essayer de faire boire ma fille le plus possible. ***Mais au fond, est-ce si grave ?*** Je ne dois pas laver mon pyjama à la main, j'ai la chance de pouvoir consulter un pédiatre compétent et sympa, et puis elle va déjà beaucoup mieux notre petite malade.

Connaissez-vous la force de la gratitude ? C'est un peu comme prendre un ascenseur des humeurs qui vous aide à changer d'étage rapidement.

La réalité reste la même mais le regard change.

La gratitude, c'est ouvrir les yeux, chercher activement et consciemment les signes que le bonheur nous envoie et y goûter !

En tant que maman, il m'a fallu du temps pour comprendre qu'il faut saisir le bonheur quand il passe, sinon il risque de s'envoler avant que je n'aie pu le savourer. Et pour moi, la clé du changement, c'était la gratitude. Voici quelques idées sorties tout droit de ma pratique et soutenues par les recherches de la psychologie positive.

D'abord, valoriser la gratitude. La gratitude est bonne pour la santé mais aussi pour les gens qui nous entourent ! Elle nous fait du bien physiquement et nous aide dans nos relations.

Ensuite, rechercher consciemment la gratitude. Être reconnaissante, c'est avant tout une manière de penser. C'est surtout s'empêcher d'oublier le bon, prendre le temps de regarder ce qui va bien. C'est trouver les cadeaux (grands et petits) que la vie nous offre. Et ces pensées positives vont « contaminer » nos émotions mais aussi notre manière d'agir.

Enfin, s'entraîner ! Être reconnaissante, c'est un peu comme faire du sport. Plus on s'exerce, plus c'est facile. C'est une question d'habitude. Comment s'exercer ? Le plus simple est d'entamer un journal de bord centré sur la gratitude et d'y noter chaque jour trois raisons d'être reconnaissante. À chacun son style. L'essentiel est de s'arrêter consciemment pour réfléchir à nos trésors, qu'ils paraissent être des détails ou des évidences, coucher sur papier le résultat de ces recherches. On peut aussi en parler avec une amie, qui aurait pour rôle de nous rappeler à l'ordre quand on oublie d'être reconnaissante.

La gratitude, c'est tendre la main au bonheur qui nous entoure. C'est plonger le nez dans le bouquet de fleurs et respirer profondément, s'arrêter un instant pour regarder la vie en face et lui sourire en retour.

Et si on essayait maintenant ?

Aujourd'hui, je suis reconnaissante pour : le soleil qui brille, un coup de téléphone avec une fabuleuse et ma tablette de chocolat blanc.

“
JE N’AI JAMAIS
RENCONTRÉ
UNE PERSONNE
AMÈRE QUI SOIT
RECONNAISSANTE.
NI UNE PERSONNE
RECONNAISSANTE
QUI SOIT AMÈRE.
”
Nick Vujicic

CINDY
GHYS

14

Opération commando

IL FAUT LES FATIGUER AVANT QU'ILS NOUS FATIGUENT.

Une bagarre, un trait de feutre sur le mur, des fourmis avalées, les doigts dans la prise, un rouge à lèvres détruit, un jouet dans les WC… Ils sont prêts à tout ! Ils se faufilent, ils nous observent, ils nous suivent partout.

Mais qui sont ces étranges créatures, parfois sans dents, sans cheveux et carrément sans gêne ?

Ce sont des « mangeurs d'énergie ». Ils nous vident, nous usent, mais sans savoir vraiment à qui ils ont affaire !

En effet, sous le masque de chaque fabuleuse se cache une Lara Croft qui a pour objectif de garder sa barre d'énergie pleine un maximum de temps. Les missions secrètes, le camouflage et les prises de combat n'ont plus de secrets pour elle !

Elle sait qu'il vaut mieux prévenir que guérir, et surtout qu'une créature qui s'ennuie s'occupera à sa manière…

À coups de subterfuges comme les cracottes, les boudoirs, les bretzels, les petits beurre et les compotes (oui, le « manger » est une arme privilégiée pour obtenir la paix) et quelques jeux (quand même), elle se bat avec force, courage et ténacité contre toute forme d'ennui qui pourrait s'emparer de la créature.

Son échappatoire favorite ? L'arme « au dodo » !

Car pendant chaque sieste des créatures, la Fabuleuse gagne « une vie ». On verra bien qui rira le dernier !

BATMAN
SUPERMAN
SPIDERMAN
MAMAN

HÉLÈNE
BONHOMME

15

La peluche est plus verte

LE VRAI NOM DU BONHEUR, C'EST LE CONTENTEMENT.

Henri Frédéric Amiel

Roman joue avec le lapin. Adelin joue avec le canard. Adelin voit Roman jouer avec le lapin. Ni une ni deux, il lâche le canard et s'empare du lapin. Roman en profite pour s'approprier le canard, qu'il zieutait depuis un petit moment. Sauf que maintenant que Roman joue avec le canard, Adelin se dit que finalement, le canard était bien. Il se débarrasse donc du lapin afin de se réapproprier le canard. Roman, ravi, reprend le lapin, qui, entre les mains d'Adelin, lui faisait tant envie. C'est alors qu'Adelin réalise la valeur de ce lapin qu'il avait en mains.

Vous avez saisi ou je recommence ?

Mon scénario gémellaire quotidien, parfois drôle, est souvent exaspérant car accompagné des cris les plus bestiaux et des morsures les plus cruelles.

La peluche est toujours plus verte chez le voisin.

Quand les autres réussissent, ça paraît toujours plus facile. Quand les autres ont quelque chose qu'on n'a pas, on devient capable du pire.

Parfois, quand je pense à tout ce que j'ai lâché en termes de carrière, de travail en équipe, de projets et de fous rires à la machine à café, je suis comme Adelin, comme Roman, exaspérée par ce que les autres ont, et que moi je n'ai plus.

Alors je choisis, jour après jour, de ne pas me concentrer sur ce que je ne peux plus faire.

J'essaie de me concentrer sur ce que je peux faire.

Je peux aimer ma vie.

Je peux voir mes enfants grandir, je peux travailler à domicile, je peux squatter les pataugeoires à 38°, je peux écrire et parfois je peux même prendre un café avec une copine. Ce n'est pas rien !

Oublie
ce que
tu n'as pas.
Concentre-toi
sur ce
que tu as !

HÉLÈNE
BONHOMME

Liberté

16

Sur mes refuges détruits
Sur mes phares écroulés
Sur les murs de mon ennui
J'écris ton nom […]

Je veux être libre. De ce que les gens pensent, de mon passé, du stress, de la culpabilité. D'être en bonne santé, de rêver grand, d'aimer ma vie, de croire en l'avenir.

Mais à intervalle régulier, je me prends les pieds dans le tapis. Ma prison, c'est la répétition. Enchaînée par le retour incessant de mes échecs, je finis par croire que rien ne changera jamais.

Je ne le savais pas, mais dans ma course à la liberté j'étais en fait en recherche de vérité. Parce que comprendre, c'est rester libre. Lorsque j'ai saisi l'utilité d'arrêter de râler, mon taux de négativité a enfin chuté. Lorsque j'ai compris les véritables effets de certaines habitudes sur ma santé, j'ai enfin réussi à changer de style de vie. Lorsque j'ai compris la puissance destructrice de l'amertume, j'ai enfin réussi à pardonner vraiment. Lorsque j'ai compris que j'étais une fabuleuse, j'ai enfin osé croire en mes rêves.

Allons chercher les vérités qui nous libèrent. Nous avons le droit de ne pas tout savoir, nous avons le droit d'apprendre. Il y a des secrets qui n'attendent qu'à être percés. Le monde nous appartient !

[...] Et par le pouvoir d'un mot
Je recommence ma vie
Je suis né pour te connaître
Pour te nommer
Liberté

PAUL ÉLUARD

"Je suis le maître de mon destin,
je suis le capitaine de mon âme."
WILLIAM ERNEST HENLEY

LYDIA
LEVANT-BOL

Maman, un travail comme un autre ?

« ATTITUTE IS A LITTLE THING THAT MAKES A BIG DIFFERENCE. »
Winston Churchill

Maman, un travail comme un autre ? Au risque d'en décevoir beaucoup : non, non et non ! Avec mon double regard, celui de maman et de psychologue du travail, je vais aller droit au but :

1. Un travail doit être encadré par un contrat, qui peut être à durée déterminée ou indéterminée mais qui doit pouvoir être interrompu. Être maman, c'est à vie. Une fois que vous l'êtes… vous l'êtes ! Même quand vos enfants ne seront plus « à votre charge ». Que vous soyez mère au foyer, salariée à plein temps ou entrepreneuse, vous êtes maman, pas plus ni moins que votre voisine qui l'est aussi. L'investissement en temps peut varier selon l'âge et l'autonomie de l'enfant ainsi que l'activité professionnelle de la mère – mais ***on EST maman.***

2. Pour avoir un travail, vous devez envoyer un CV, trouver une offre d'emploi, répondre à une demande, envoyer votre candidature. Quand vous êtes sélectionnée parmi la pile de CV, vous passez des tests, des entretiens, d'autres entretiens, vous faites une période d'essai de 3 mois, puis vous avez un CDD et peut-être après un CDI.

Avez-vous déjà vu des mamans faire une période d'essai ? Non ! On pose votre enfant sur vous dès la naissance – et par instinct, alors qu'il n'a rien appris, qu'il est vierge de toute pression sociale, le nouveau-né rampe vers le sein pour continuer cette fusion avec sa mère, celle qui a commencé dans l'utérus. Personne n'est là pour juger si vous êtes apte ou non pour ce poste – vous n'avez pas besoin de justifier de trois années d'expériences. Certaines compétences de maman sont innées, pour le reste, on apprend tous les jours, tous les ans, avec tous les enfants qui sont tous différents ! ***On évolue constamment.***

3. Vous percevez un salaire en échange du travail que vous fournissez, salaire parfois (ou souvent !) perçu comme « trop faible »… Quand vous êtes maman, ***la valeur de vos enfants est inestimable.*** Les moments en famille sont précieux et ne dépendent pas de votre catégorie socio-professionnelle. Ce que vous construisez dans la vie de vos enfants a une portée éternelle sur eux, et même sur leurs propres enfants. Selon le job que vous avez, ce n'est peut être pas le cas – et peut être même que vous ne trouvez aucun sens à ce que vous faites tous les jours au travail.

4. Avec votre travail, vous avez droit à des vacances. En tant que maman, ***vous n'avez pas de vacances*** – pas besoin d'en dire plus (soupirs…) !

5. En tant que maman, vous avez des « collègues » (le papa, les grands-parents, les taties/tontons et parrains/marraines des enfants, la nounou, la crèche) mais ***vous êtes irremplaçable !***

Vous AVEZ un travail mais vous ÊTES une maman, et ce, à vie… Ici au moins, pas de chômage !

Quant à la période où l'on choisit de rester à la maison pour s'occuper des enfants, ce sont les motivations qui doivent rester plus fortes que le statut, et surtout, être claires pour chacune d'entre nous.

Plus vous vous sentirez en paix avec votre statut actuel, plus vous saurez gérer les regards ou les commentaires « méprisants » mais surtout « maladroits » sur votre rôle au foyer.

« Quand on se donne la permission de faire ce qu'on aime le plus faire dans la vie, on se retrouve à être la personne qu'on a le plus envie d'être dans la vie. C'est ça, être fabuleuse ! »
Christine Lewicki

Tu AS
un travail
mais tu
ES une
maman.

HÉLÈNE
BONHOMME

Ne me quitte pas

« Être maman, c'est perdre tous ses repères et accepter de devenir une nouvelle personne. »
Florence Servan-Schreiber

Alors, ça fait quoi d'être maman ? « Tu veux que je te dise ? Ça change ta perception temporelle de l'univers. »

Contre ton coeur, ce petit être, adorable, fragile, précieux. Ton bébé. Le tien, pour toujours. Et soudain, tu réalises qu'hier encore, c'était toi, le bout-de-chou dans les bras de sa maman. Oui, tu réalises d'un coup qu'il n'y a pas si longtemps, tu étais le bébé de tes parents.

Tu comprends vite, donc, que demain, ton bébé sera grand. Que des hordes de minettes sont déjà prêtes à faire la queue devant ta porte, pour emporter ton fils loin de toi pour toujours.

À toutes celles qui m'accusent déjà d'être une mère poule et de penser comme une cinquantenaire frustrée : sachez que moi-même je me fais peur ! Et que d'ores et déjà, j'y travaille. Apprendre à lâcher la corde, pour laisser chaque jour un peu plus de mou à mes petits hommes. ***Apprendre à être leur mère, apprendre à devenir leur amie.***

Ainsi, ils me quitteront, oui, mais ils ne m'abandonneront pas.

Ce que
tu sèmes aujourd'hui
deviendra tes fleurs
de demain.

LAURE
MELLON

19

Le pouvoir de l'instant présent

L'EFFICACITÉ PAR LA PLEINE CONSCIENCE

Jusqu'à récemment, je pensais que le secret de mon bonheur résidait dans mon efficacité. La semaine dernière, mon fils de trois mois m'a rappelée à l'ordre. Par un vomi. Il était en train de téter, et moi en train non seulement d'allaiter mais aussi et surtout de surfer sur mon iPhone. Je croyais ainsi « profiter » du moment pour checker mes mails et mon Facebook. Mais Victor en a décidé autrement. Il en a mis sur mon t-shirt, sur le fauteuil, et jusque sur le sol. Il s'en est fallu de peu pour que mes cheveux fraîchement lavés y passent aussi.

À ce moment-là, j'ai réalisé que si j'avais été attentive à mon fils, j'aurais remarqué qu'il réunissait tous les symptômes pré-vomissement : lait qui coule aux commissures des lèvres, énervement… Mais je n'avais d'yeux que pour mon smartphone. Ça m'a couté un t-shirt. Et beaucoup d'énergie !

J'ai décidé que je ne pouvais plus considérer l'allaitement comme un temps qui devait être mis à profit pour faire autre chose. Et même qu'aucun temps avec qui que ce soit ne devait être utilisé à autre chose qu'à être partagé avec cette personne.

Savez-vous que l'être humain n'est pas multitâche ? En fait, une étude a montré que seulement 2,5% de la population était capable de faire vraiment bien deux choses à la fois. Manifestement, je n'en fais pas partie !

Au fil de mes balades sur la toile, j'ai pu voir qu'une nouvelle mode déferlait : la « pleine conscience ». Ce concept de « mindfulness » est utilisé en thérapie, notamment pour diminuer le stress. L'idée est de profiter pleinement de l'instant présent.

Je trouve particulièrement intéressant le fait de se focaliser sur une chose à la fois. Pas sur le passé (« c'était mieux avant » ou « mince, j'ai oublié d'acheter le pain »), pas sur le futur (« qu'est-ce qu'on va manger à midi », « vivement que les enfants soient grands », etc.), pas sur ce qui se passe ailleurs (sur Facebook, Google ou dans la pièce à côté) mais sur ce qu'il nous est donné de vivre aujourd'hui, à l'instant T, là où nous sommes. C'est un concept vieux comme le monde mais curieusement, nous avons du mal à l'appliquer dans nos vies.

Depuis quelques jours, je me suis lancée le défi d'essayer de profiter des instants précieux que la vie m'offre.

Et donc d'abord, de ne pas faire deux choses en même temps, histoire d'éviter un maximum de vomis. Pas facile à mettre en œuvre mais je profite bien mieux des moments avec mes enfants.

Par exemple, si la pile de linge me tend les bras et que ma fille me demande de jouer avec elle, au lieu de tenter de suivre la construction de sa maison Lego tout en essayant d'éviter de me brûler avec le fer à repasser, je mets le minuteur en route et j'avertis ma fille que lorsqu'il sonnera, ce sera la fin de notre temps ensemble (avant le prochain). Pour elle et pour moi, c'est salutaire. Quand elle a eu ses dix minutes de temps de qualité avec moi, ma fille accepte mieux de me laisser vaquer à mes occupations. Moi, je m'offre l'occasion de vraiment construire ma relation avec elle. Ce qui soit dit en passant est quand même plus sympa et même plus gratifiant que de réussir à repasser le linge avant la fin de la journée.

Ensuite, de temps en temps, de préférence quand les enfants dorment en même temps (ça n'arrive pas souvent !), je tente de me coucher sur le canapé quelques minutes et de fermer les yeux en me concentrant sur ce qui se passe autour de moi, sur ma respiration, la joie de pouvoir être allongée… Je profite ainsi au maximum de ces instants de silence si précieux (et rares !) dans la vie de maman. Quelques minutes suffisent à me requinquer et à me rebooster pour la suite de ma journée. Évidemment, passé ce temps de grâce, le téléphone sonne, le linge crie au secours et les enfants réclament à manger. Mais je suis contente d'avoir eu mon moment rien qu'à moi.

Autre idée : faire quelque chose pour moi en même temps que je le fais pour mes enfants. Par exemple, je colorie parfois un petit moment avec ma fille. Chacune ses crayons, chacune son cahier. ***On est ensemble, on partage, et ça relaxe un max.***

Résultat : je pense moins (sous-entendu, à la pile de repassage, aux repas à préparer, aux coups de fil à passer), je diminue mon stress et j'augmente mon efficacité.

LE BONHEUR
EST UN CHOIX,
UN MOMENT
À LA FOIS.

HÉLÈNE
BONHOMME

20
La question

TU AS FAIT QUOI AUJOURD'HUI ?

Aujourd'hui, elle a fait trois lessives.
Pourtant, le panier à linge déborde.

Aujourd'hui, elle a passé l'aspirateur.
Pourtant, il y a des miettes sous la table du salon.

Aujourd'hui, elle était deux heures en cuisine. Pourtant, le dîner n'est pas encore prêt.

Elle est allée au parc, mais il faudra qu'elle y retourne demain.

Elle a vidé les poubelles, mais elles sont à nouveau pleines de couches aromatiques.

Elle a changé deux fois les t-shirts des enfants, mais ils sont encore dégoulinants de bave.

Une montagne de tâches répétitives : c'est le quotidien de la fabuleuse. La satisfaction du travail accompli ? Elle en a fait le deuil depuis longtemps.

Tiens, voilà Monsieur fabuleux qui rentre du bureau.
« Tu as fait quoi aujourd'hui ? », fait-il d'un ton enjoué.

« ... »

Elle ne sait pas. Elle serait incapable de fournir une liste des tâches qu'elle a accomplies aujourd'hui. Elle a l'impression que malgré tous ses efforts, elle n'a pas été productive. Elle a l'impression qu'elle n'a « rien fait ».
Et pourtant, elle ne s'est pas arrêtée une minute...
SOS fabuleux : plutôt que de dire
« Tu as fait quoi aujourd'hui ? », dites
« Merci pour tout ce que tu as fait aujourd'hui. »
(Et si cela peut être dit avec des fleurs, c'est encore mieux !)
Ensuite, faites parler la fabuleuse de tout ce qui, dans sa vie, rime avec satisfaction et productivité : son projet bénévole, les progrès des enfants, le dernier skype avec sa meilleure amie, les prochaines vacances...

Bref, changez-lui les idées !

“ Commencez par faire le nécessaire. Ensuite, faites le possible. Soudain, vous ferez l’impossible ! ”

Saint François d’Assise

MYRIAM
CORN

21

Vous êtes belle

AIMEZ-VOUS.
PRENEZ SOIN DE VOUS.

J'ai la chance d'allier mes deux passions : l'esthétique et le travail social. J'organise des journées de métamorphose pour les femmes en difficulté. Alors que les enfants sont gardés par des bénévoles, les mamans se font dorloter : massages, coiffure, maquillage, séance photo, repas traiteur et cadeaux beauté pour poursuivre les soins à la maison.

À la fin de la journée, lorsque les femmes découvrent leur reflet dans le miroir, elles se trouvent belles. Elles sont joyeuses et détendues. Elles reprennent confiance en elles.

Elles sont plus disposées à prendre soin d'elles à nouveau, à reprendre leur vie en main. Cela passe souvent par des larmes de joie.

Quelle que soit notre situation sociale, nous avons toutes besoin de ces moments de lâcher-prise où nous nous laissons dorloter.

Lorsque vous êtes maculée de purée de carottes, lorsque vous n'avez pas le temps d'enfiler autre chose qu'un vieux jogging, lorsque prendre une douche relève du miracle ou lorsque les autres vous font remarquer que vous avez une tête de déterrée, n'oubliez jamais la fabuleuse qui est en vous.

Elle se reflète à l'extérieur.

Vous avez le droit de vous sentir belle. Osez arrêter le temps. Prenez un moment pour vous. Laissez-vous chouchouter le temps d'une manucure ou d'une coupe de cheveux.

Votre famille survivra et saura bien se débrouiller sans vous pendant quelques heures !

« Personne n'est indispensable mais tout le monde est nécessaire ! »
Michel Leriche

DAVID
BONHOMME

22
Parole de Fabuleux

ENTRE HARD CORE ET GLAMOUR, ÉPUISANT ET MOTIVANT : LE MÉTIER DE MAMAN.

La journée a mal commencé. Votre enfant s'est introduit dans votre lit sans vous demander votre avis, puis a poussé un cri pour commander son biberon. Votre mari est énervé parce qu'il ne trouve pas les clés de la voiture et vous vous sentez coupable parce qu'encore une fois, elles sont au fin fond de votre sac. Vous espérez pouvoir prendre une douche alors que les enfants jouent tranquillement, mais le bruit de l'eau qui coule déclenche chez eux une crise d'hystérie. Votre moment de paix se transforme en scène de film d'horreur, parce que les enfants grattent à la porte en criant "Mamannnnnnnnn".

Bref, la journée a mal commencé. Et si c'était ça une journée normale ? Et si la frustration venait de la différence entre nos attentes et la réalité ? Cet écart qui nous fait regarder le verre à moitié vide, et nous donne cette sensation que la vie est injuste.

Et si on partait du principe que tout cela était normal ? Imaginez un soldat partant à la guerre, pensant qu'il allait pouvoir dormir tranquillement la nuit, prendre sa douche, faire des pauses café avec les copains et passer des coups de fil à sa famille pour raconter ses exploits.

Non, le soldat est mentalement préparé : on lui a dit qu'il allait en baver, que l'objectif est de remporter la guerre et qu'il en est capable. Qu'il y aura sûrement des défaites mais qu'il ne faudra jamais perdre de vue la finalité. Peut-être qu'on ne vous l'a jamais dit, alors je vais le faire maintenant : vous êtes capable.

Chaque journée est une bataille. Vous êtes capable de la remporter. Cela ne va pas être simple. Quand vous serez au front, au milieu de la brousse, il n'y aura personne pour vous dire combien vous êtes fabuleuse. Mais ce qui fera votre réussite, c'est de croire au plus profond de vous-même que vous êtes une maman fabuleuse, capable de remporter la guerre.

Une journée de crise ? Pas grave. Une nouvelle bataille commence, je sais que je vais la remporter. La vie est une succession de défis, que ce soit à la maison, au travail ou dans les relations. Ce qui fait la différence, c'est cette croyance que malgré vos erreurs, votre identité ne change pas. Vous êtes une fabuleuse, peu importe les situations. Quelques blessures de guerre ne vous feront pas lâcher le front et ne changeront rien au fait que vous êtes et resterez à jamais une mère merveilleuse.

Alors au nom de tous les fabuleux : merci pour les batailles que vous menez chaque jour !

"QUE VOUS CROYIEZ QUE VOUS POUVEZ OU QUE VOUS CROYIEZ QUE VOUS NE POUVEZ PAS, VOUS AVEZ RAISON."

HENRY FORD

STÉPHANIE
DE TELLIER

23

Ô joie, Ô frustration

LE FOYER : SYMBOLE DE NOS PLUS GRANDES FRUSTRATIONS ET DE NOS PLUS BELLES VICTOIRES.

Aujourd'hui, j'ai envie de parler frustration (hou ! le méchant mot pas bô pas rigolo !), cette petite vipère qui vient parfois gâcher nos jolis moments. Je l'ai souvent côtoyée, comme tout le monde, et je n'ai pas toujours eu le réflexe de sortir mon *Aspivenin*.

Le problème, c'est qu'elle est souvent Méduse, cette chose mythologiquement affreuse et pleine de ramifications. ***Elle est capable, même quand elle est toute petite, de générer anxiété, culpabilité et prise de tête globale.***

Quand on a fait une journée complète de jeux, lectures, pipipot, ketchup, sieste, calins, rigolades, cacapot, peinture de doigts, peinture de t-shirt, parc, vélo, mangeage de sable, de cailloux, de bâtons, la voilà qui pointe son sale petit nez et qui persiffle dans notre tête : « comme ce serait cool d'être dans le canapé à dévorer *Avantage*s en sirotant un thé ! » (OMG je n'ai que 30 ans, apportez-moi vite *Glamour* et un mojito !)

Malheureusement pour moi, (vous me direz pour vous ?), cette toute petite pensée me fait parfois culpabiliser : ***« Tu l'as attendue deux ans ta merveille, et maintenant au bout d'une journée tu aspires à autre chose ? Non mais aaallllooo ? »***

Parfois, ce sont les autres qui vous font culpabiliser. Et parfois, une autre maman vous tend la main à sa manière, avec un petit regard souriant au parc, qui en dit long sur ce que vous partagez, sans même avoir besoin d'en parler. Effet déculpabilisant immédiat.

Il y en a de la frustration dans la vie, dommage collatéral inévitable de nos choix. Quand elle vous piquera la prochaine fois, ayez en tête la fin de l'histoire : du sang de Méduse décapitée jaillira Pégase, fabuleux cheval ailé qui vaincra la Chimère ! Force et courage Mesdames !

Ndlr : l'auteur décline toute responsabilité concernant les détails gores de cet article, en cas de réclamation merci de vous adresser à la Grèce antique.

*"La plus grande
responsabilité de notre vie,
c'est de maintenir
notre flamme intérieure
allumée.
Je ne peux pas laisser
la négativité ambiante,
les râleries ou le stress
éteindre ce feu."*
Christine Lewicki

HÉLÈNE
BONHOMME

24

Inoffensives ?

PRENEZ LE CONTRÔLE DE VOS PENSÉES !

Le saviez-vous ?

- En moyenne, nous avons plus de 30 000 pensées par jour.
- Nos pensées sont des signaux électriques qui créent dans notre cerveau des chemins neurologiques. Plus on va entretenir une pensée, plus elle va colorer notre monde.
- 87% à 95% des maladies qui nous affectent sont le résultat direct de nos pensées. Ce que nous pensons nous affecte physiquement et émotionnellement, comme une épidémie de circuits toxiques.
- Les recherches montrent par exemple que la peur déclenche en nous plus de 1 400 réactions physiques et chimiques connues, et qu'elle active plus de 30 hormones différentes.
- Pour désintoxiquer son cerveau, il faut apprendre à contrôler consciemment ses pensées.*

« J'aurais dû », « si j'avais cela, je pourrais », « tout ce que je fais finit par un échec », « je n'arriverai jamais à perdre ces kilos », « cette maladie fait partie de moi », « si seulement j'étais comme elle »... Quelles pensées toxiques envahissent votre cerveau ?

Bonne nouvelle : redessiner le paysage de son cerveau, c'est possible ! Et parce que la nature déteste le vide, le meilleur moyen de se débarrasser d'une pensée toxique est de la remplacer par une pensée de gratitude, de satisfaction, de confiance ou d'estime de soi. Sachant qu'en bonus, le fait d'entretenir de telles pensées renforce notre système de défenses naturelles.

Fabuleuses, usez et abusez de ces petites méditations, qui sont là pour vous aider à remplir vos cerveaux de jolies pensées !

*Dr Caroline Leaf, *Who switched off my brain ?*, Thomas Nelson Publishers, États-Unis, 2009

Change
tes pensées
et tu changeras
ton monde.

SARAH
PEREIRA PINTO

25

Une pause s'impose

ET SI ON S'ARRÊTAIT VRAIMENT ?

On y est ! Vous et moi avons rampé toute la semaine jusqu'à voir, enfin, poindre cette ouverture spatio-temporelle, réceptacle de tous les possibles durant 48 heures, graal de notre huitaine, espérance de nos jours et langueurs de nos nuits : le week-end !

On est donc samedi matin, à l'aube d'un jour plein d'éventualités : grasse mat' ? *Spa day* ? *Girls day out*, mieux *girls night out* ? Soyons folles !

Mais voilà, vous avez un jour décidé de donner la vie et depuis, vous avez renoncé au sommeil. Vos rejetons ne manquent jamais de vous le rappeler, de préférence à 6 heures du matin, même et surtout au cours des sacro-saints week-ends. Vous n'en pouvez plus !

Votre compagnon voit votre mine déconfite et sent l'appel au secours sous-jacent. Pris d'un élan de compassion, il vous propose de prendre en charge votre descendance commune afin de vous offrir une journée de repos bien méritée.

YES ! Liesse de joie, entrecoupée de sentiments de culpabilité parfois mais excitation quand même : enfin une journée à vous, rien qu'à vous ! ***Oui mais voilà : que faire maintenant ?***

Vous avez tant appris à organiser vos journées en fonction de votre tribu que même lorsqu'elle vous offre un quartier libre, vous ne savez qu'en faire !

« En profiter pour ranger ? Non, planifier les repas de la semaine à venir ! Non, rattraper le repassage ! » Et vous voilà repartie dans la frénésie que vous cherchiez à éviter.

Le gong retentit, il est 17h30 ! La porte de l'entrée s'ouvre et votre joyeuse tribu vous saute dans les bras. Votre cher et tendre vous lance sur un ton plein de satisfaction : « Alors chérie, bien reposée ? Qu'est-ce qu'on mange ce soir ? »

À bout, vous hurlez : ***« I neeeeeeeeed a breeaaaaaaaaak ! »***

“
NE VOUS METTEZ PAS LA PRESSION. CONCENTREZ-VOUS SUR L’ESSENTIEL : VOTRE BONHEUR AUJOURD’HUI. ÊTRE HEUREUX, C’EST CONTAGIEUX !
”
FLORENCE SERVAN-SCHREIBER

HÉLÈNE
BONHOMME

26

La première fois

La première fois qu'il a donné la main à son frère.

La première fois qu'il l'a appelé par son prénom.

La première fois qu'il m'a aidée à passer l'aspirateur.

La première fois qu'il a rangé les briques de lait dans le placard.

La première fois qu'il a fait pipi sur le pot.

La première fois qu'il a fait un câlin à sa cousine.

La première fois qu'il m'a dit "merci".

Tout ça, en l'espace d'une semaine.

Et puis il y aura la première fois qu'il ira à l'école, la première fois qu'il prendra le train sans moi et la première fois qu'il nous fera cuire des pâtes.

Une vie de premières fois : une vie de maman !

Fabuleuse, compte tes premières fois. Tu verras, en souriant, combien le nombre en est grand...

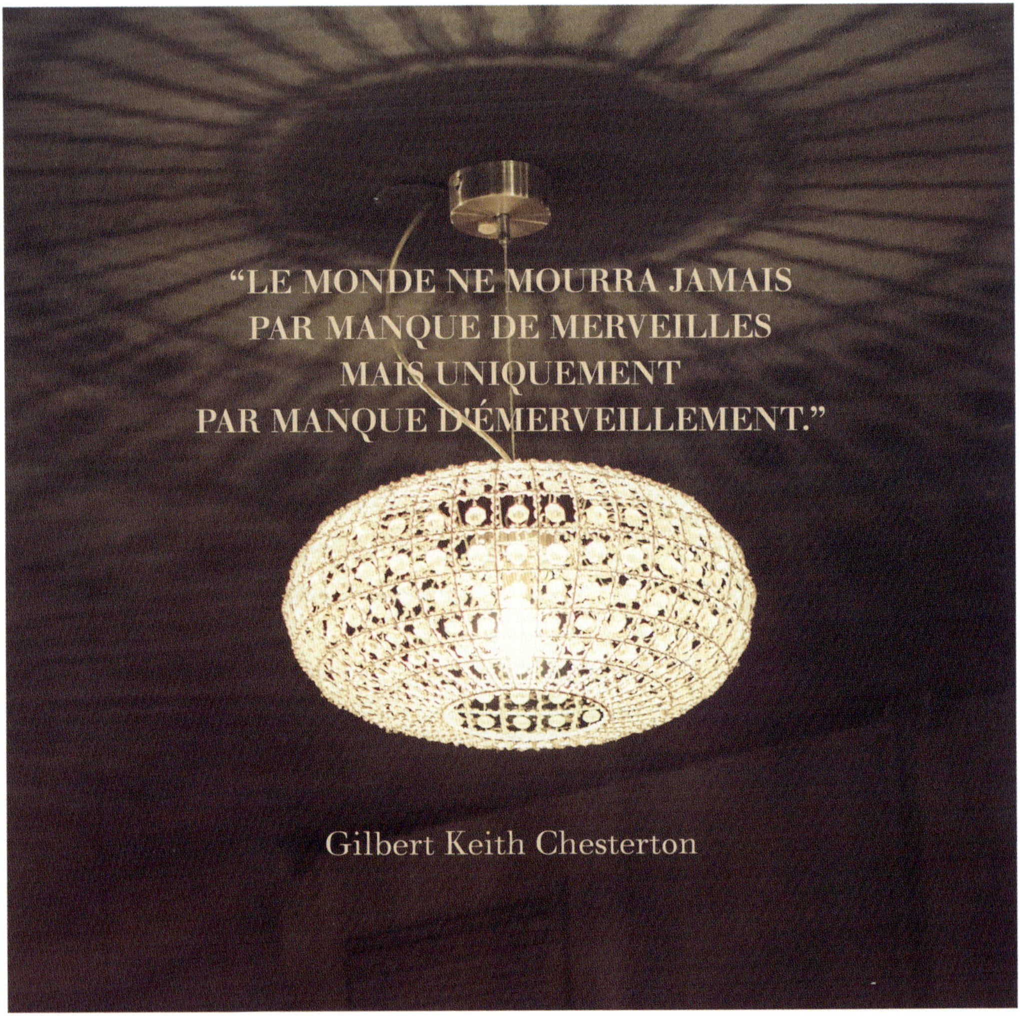
"LE MONDE NE MOURRA JAMAIS
PAR MANQUE DE MERVEILLES
MAIS UNIQUEMENT
PAR MANQUE D'ÉMERVEILLEMENT."
Gilbert Keith Chesterton

CINDY
GHYS

Avant j'avais des principes

« Ce qui amène énormément de souffrance dans les foyers, c'est l'écart entre ce qu'on souhaite qu'il se passe et ce qu'il se passe réellement. Pour plus de joie, il faut apprendre à réduire cet écart, soit en changeant ce que nous pouvons changer, soit en lâchant prise sur ce que nous ne pouvons pas (ou choisissons de ne pas) changer. »

Christine Lewicki

Avant, utiliser une cuillère déjà « en service » c'était répugnant, maintenant c'est tellement pratique !

Avant, câliner quelqu'un qui est malade c'était pas question, maintenant c'est naturel.

Avant, sentir des fesses c'était ridicule, maintenant c'est quotidien...

Avant, un enfant qui pleure c'était forcément un caprice, maintenant c'est plus compliqué que ça !

Avant, se faire éternuer dessus c'était énervant, maintenant ça peut être marrant...

Avant, sortir sous la pluie c'était inconcevable, maintenant ça peut être indispensable !

Avant, changer une couche c'était « dégueu », maintenant... c'est toujours aussi « dégueu » !

Avant, moucher un autre nez que le mien c'était même pas en rêves, maintenant c'est carrément par aspiration...

Avant, embrasser des pieds c'était écoeurant, maintenant c'est trop mignon.

Bref, avant j'avais des principes...
maintenant j'ai des enfants !

C'EST DANS
LE CHAOS
QUE LA VIE
PREND PLACE.
IL N'Y A QU'AU
CIMETIÈRE
QUE TOUT
EST CALME
ET QUE RIEN
NE BOUGE...

HÉLÈNE
BONHOMME

28

Love is on the way

L'AMOUR EST EN ROUTE. L'AMOUR EST SUR LA ROUTE !

D'une main, je tiens le guidon. De l'autre, je supprime des photos sur mon Iphone. C'est bon, j'ai de nouveau assez d'espace de stockage pour mitrailler l'horizon. Nous sommes à 67 mètres au-dessus de l'océan, à la jointure du Pacifique et de la baie de San Fransisco. Roman, qui n'a pas l'air de réaliser l'ampleur de l'événement, dort dans le siège arrière.

Je m'arrête tous les 10 mètres pour prendre des photos de *down town* San Fransisco. Fait rare, le ciel est sans nuages et la baie sans brouillard. Au loin, j'aperçois Alcatraz. Je m'extasie devant la magnificence de l'énorme structure de métal rouge. La traversée du Golden Gate Bridge. À vélo !

Soudain, un autre 2 roues me dépasse avec une rapidité fulgurante. C'est mon fabuleux qui, sans même se retourner, hurle plus fort que le bruit du vent et des voitures : « J'AI TROP LE VERTIGE ! JE TRACE ! ON SE RETROUVE DE L'AUTRE CÔTÉ ! »

London city. Des shows à couper le souffle, de la musique sensationnelle, 7 000 femmes, une vraie ambiance girly : la *Colour Conference* bat son plein. Depuis la scène, cette phrase vient percuter mon oreille : « Love is on the way ». ***« L'amour est en route »***. Quand je vais mal, il faut que je sache que l'amour veille sur moi et que le secours ne va pas tarder à arriver. Tout ira mieux, ce n'est qu'une question de temps. Bientôt tout s'arrangera. Un jour j'y arriverai. Un jour, j'aurai surmonté tout ça.

Sauf que l'on peut comprendre la phrase autrement.

« Love is on the way » : ***« L'amour est SUR la route »***. Il n'est pas sur la ligne d'arrivée. Il ne m'attend pas de l'autre côté du pont. Il n'attend pas que je sois parfaite. Je n'ai pas besoin de pédaler plus vite pour le trouver. Il est déjà là, avec moi. Sur le chemin. Au milieu du pont. Il m'accompagne, il me garde, il m'emmène plus loin.

L'amour est SUR le chemin. Et ça change tout !

« Quand les enfants seront grands, je pourrai enfin… » « Si je parviens à devenir moins susceptible, j'arriverai enfin à… » « Quand mon couple ira mieux, alors je… »

On se met la pression, on veut y arriver, on veut être parfaite. On veut passer de l'autre côté de la baie. On se dit que lorsqu'on sera comme ci et qu'on fera comme ça, tout ira mieux. On se concentre sur le résultat final.

On ne pense qu'à la ligne d'arrivée. On oublie qu'en fait, tout est dans le processus. Tout se passe sur le chemin.

« Love is on the way ». La route, ce n'est pas toujours drôle. Les ponts, ce n'est pas toujours simple. Parfois c'est dur, parfois c'est long. Mais c'est là qu'on est. Alors vivons à fond !

"ABANDONNER
EST LA SEULE
GARANTIE DE NE
PAS ACCOMPLIR
SES RÊVES."
Christine Caine

MYRIAM
CORN

29

Estime de soi

LA BEAUTÉ INTÉRIEURE RÉVÉLÉE À L'EXTÉRIEUR

En psychologie, on dit que l'estime de soi est la propre évaluation de soi-même en fonction de ses valeurs. Si on pense que l'on a fait quelque chose de bien, notre estime grandit tandis que lorsqu'on juge que l'on a mal fait, elle diminue. Cependant, de nos jours, nous avons tendance à construire notre estime non plus en nous basant sur les actions, mais en jugeant par les apparences.

Ah, non, moi je ne juge personne !

Vraiment ? Alors pourquoi en sortant de la douche, vous restez devant le miroir à regarder ce que vous aimeriez voir changer sur votre corps ?

Pourquoi avons-nous tendance à voir si facilement ce qui ne va pas et à être continuellement insatisfaite ?

Prenez le temps de vous retrouver, de réfléchir à vos valeurs dans la vie, à ce que vous voulez transmettre à vos enfants. Quel genre de personne souhaitez-vous qu'ils deviennent ? Quelles sont vos capacités, vos dons ? Comment les explorer et les pousser davantage ? Non pas pour vous-même, mais pour votre famille, vos amis, votre société.

Après avoir fait cette introspection, prendre soin de soi n'est plus une obsession. On se sent bien avec soi-même et on veut le montrer par nos soins personnels, notre goût vestimentaire et pour certaines, notre sens artistique.

Que pouvons-nous offrir autour de nous si nous sommes vides en-dedans ?

Acceptons-nous telles que nous sommes, excellons dans nos forces, demandons de l'aide dans nos faiblesses. Appliquons cela à notre capacité mais également à notre physique : misons sur nos atouts. J'ai de beaux yeux, alors je vais les accentuer avec un beau maquillage, ou de belles lunettes. Si j'ai du ventre, je vais éviter de le mettre en valeur et porter l'attention sur autre chose, par un accessoire de couleur etc.

Le physique ne doit pas déterminer qui vous êtes, mais la personne que vous êtes doit se refléter dans votre physique. Une fois que vous aurez fait cette introspection, alors vous serez également moins exigeante envers les autres, capable de les aimer et de les accepter.

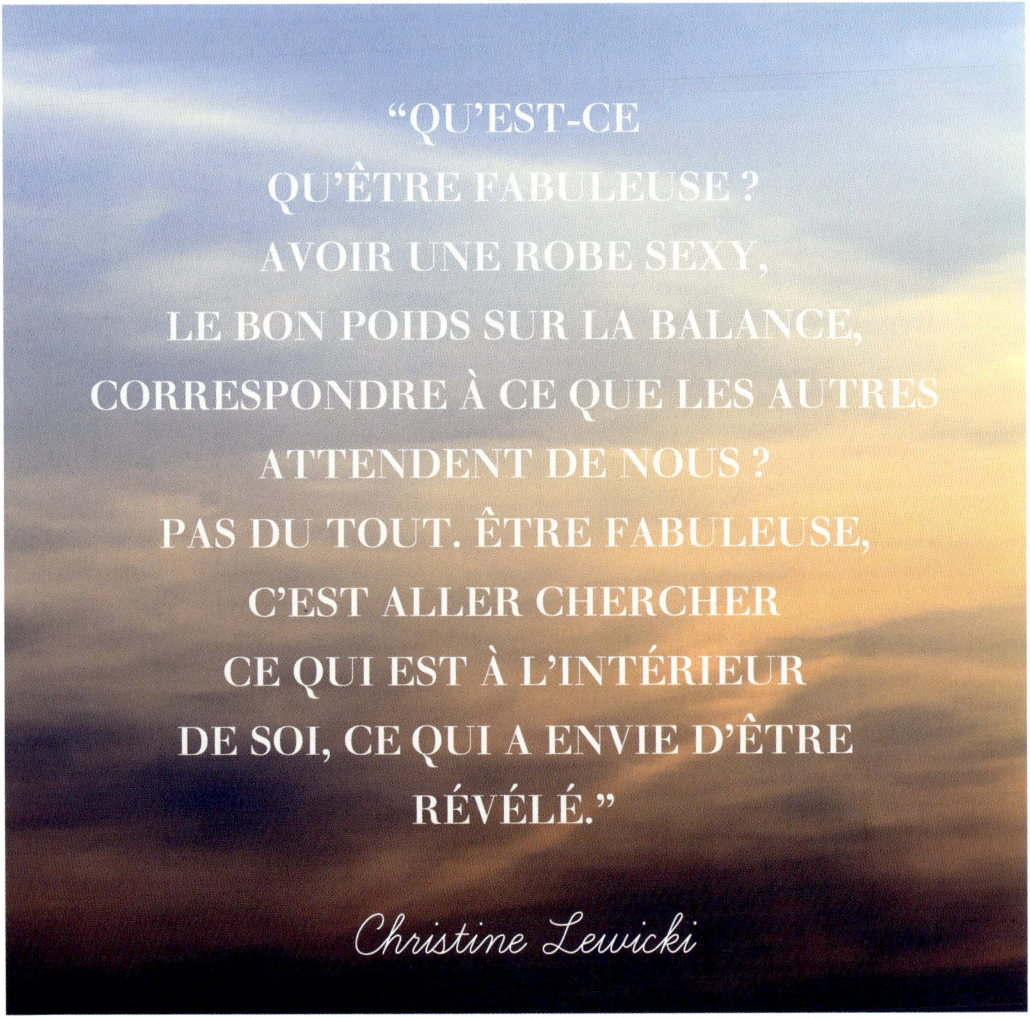
"QU'EST-CE
QU'ÊTRE FABULEUSE ?
AVOIR UNE ROBE SEXY,
LE BON POIDS SUR LA BALANCE,
CORRESPONDRE À CE QUE LES AUTRES
ATTENDENT DE NOUS ?
PAS DU TOUT. ÊTRE FABULEUSE,
C'EST ALLER CHERCHER
CE QUI EST À L'INTÉRIEUR
DE SOI, CE QUI A ENVIE D'ÊTRE
RÉVÉLÉ."
Christine Lewicki

HÉLÈNE
BONHOMME

30

Keep calm and remember you're fabulous

FABULEUSE, MOI ?

Les nez dégoulinent. Les pantalons sont crasseux, les t-shirts honteux et la voiture pleine de miettes. On est en retard. Je tiens le volant d'une main et tant bien que mal, je me retourne pour ramasser de l'autre un doudou pour la quinzième fois, tout en gardant un oeil sur la route. Je lâche un joli gros mot. Je parviens à me ressaisir. Puis, l'un de ces cris stridents vient ébranler le véhicule. Je pète les plombs. Fabuleuse, moi ?

Il y a des jours où tout me porte à croire le contraire. Comme des ronces, les accrocs du quotidien viennent étouffer mon quotient de fabulosité.

Mère au foyer, mère au travail, mère débordée : vous aussi, vous doutez parfois de la fabuleuse qui est en vous ?

Voici 5 raisons de vous souvenir que vous êtes fabuleuse :

1. ***Parce que c'est ce que vous êtes.*** Non ce que vous faites. Se focaliser sur ce que l'on fait ou sur ce que l'on ne fait pas amène toujours à la déception.

2. ***Parce que ce n'est pas prétentieux.*** « Notre peur la plus profonde n'est pas que nous ne soyons pas à la hauteur. Notre peur la plus profonde est que nous sommes puissants au-delà de toute limite. C'est notre propre lumière – et non pas notre obscurité – qui nous effraie le plus. Nous nous posons la question : ***« Qui suis-je, moi, pour être brillant, radieux, talentueux et merveilleux ? » En fait, qui êtes-vous pour ne pas l'être ? Vous restreindre, vivre petit ne rend pas service au monde. » ****

3. ***Parce qu'il y a une fabuleuse dans chaque foyer.*** Il faut la révéler ! Non pas au monde mais avant tout la révéler à elle-même. Se souvenir que l'on est fabuleuse, c'est arracher les mauvaises herbes qui veulent nous étouffer en nous faisant croire que l'on n'est pas à la hauteur.

4. ***Parce que cela vous aidera à le devenir.*** Croyez que vous êtes fabuleuse, et vous finirez par l'être vraiment !

5. ***Parce que vous n'êtes pas seule.*** Se souvenir qu'on est fabuleuse, c'est se souvenir qu'on fait partie d'un gang de mères qui partagent les mêmes défis et les mêmes aspirations. Vous faites partie de la famille des fabuleuses mamans !

Changez de lunettes. Voyez la fabuleuse qui est en vous. N'oubliez pas qu'elle est là, même si vous ne la voyez pas. Et faites-lui confiance.

* Marianne Williamson, *Un retour à l'amour : manuel de psychothérapie spirituelle : lâcher prise, pardonner, aimer,* Amrita, 1994

“
EN DEVENANT MÈRE, ON DEVIENT CO-GÉRANT DE PME ET RIEN QUE CELA FAIT DE NOUS UNE FEMME PLEINE DE RESSOURCES ET DE CRÉATIVITÉ.
”
Florence Servan-Schreiber

HÉLÈNE
KNEUSS

31
Mère au foyer j'ai été, mère au foyer je reste

JE SUIS UNE FABULEUSE TOUT TERRAIN.

6h15, le réveil sonne. À 6h47 il re-sonne pour la cinquième fois… Après une douche, un semblant de maquillage, une chasse à la chaussette au trésor, une petite dizaine de céréales fourrées au chocolat écrasées sur le parquet plus tard, la journée commence fois six. Nos rythmes s'entrecroisent et s'entrechoquent. Nous éclatons la troupe en deux : Maman *Touran* et Papa Moto, c'est parti !

« Arrêter de se coucher tard » se situe en assez bonne place dans la liste de ***« mes envies d'arrêter »***… Quelque part entre ***« arrêter de vider le stock de Twix du distributeur de la cafèt' »*** et ***« arrêter de me persuader que moins de dix cigarettes par jour, c'est pas grand chose finalement… »***

C'était sans compter la sortie récente en DVD de la saison 4 de *Downton Abbey*. (En même temps, c'était soit *Downton Abbey*, soit le mètre cube de repassage à attaquer par la face Nord…)

C'est ainsi que nous avons vu, comme dans 90% de nos soirées, le réveil basculer du côté obscur de la force : l'après minuit, ce monde parallèle où nous avons l'impression de maîtriser le temps en repoussant toujours un peu plus loin le rendez-vous avec le sommeil.

Nous voilà un mois et demi après la rentrée… Et il reste encore quelques mois et demi avant la prochaine.

Les mois de septembre/octobre sont, à juste titre, redoutés… Je suis fabuleusement épuisée, fabuleusement désorganisée et fabuleusement débordée ! D'autant que je suis en cours de cure de désintoxication progressive de *Haribo*, ce qui n'arrange rien.

Ma tribu est proche de l'implosion suite à la rébellion collective de la tranche d'âge 13-15, soit la moitié de l'effectif total. Mes trois ados tentent une action dissidente visant à obtenir l'accès illimité à l'ordinateur familial. Mon grand, chef de file, a qualifié hier l'organisation familiale de ***« démocratie esclavagiste ».***

Tout ça pour dire que je vais prochainement partir en croisade contre celles qui osent affirmer : ***« Oh vous avez de la chance de travailler, vous n'avez pas les petits soucis du quotidien… »***

Euh, comment dire… Il m'arrive très souvent, depuis le bureau, entre deux réunions (ou pire, par SMS en pleine réunion) de gérer un pugilat qui oppose les amateurs de *BN* aux amateurs de *Pailles d'Or*, de trouver à distance la solution à l'équation qui détermine au centième près la taille du champ de l'oncle de Michel, ou d'expliquer à mon fils que non, la *Pasta Box* ne se met pas au four…

Mère au foyer j'ai été, mère au foyer je reste.

TOUTES LES MÈRES SONT “AU FOYER”

HÉLÈNE
BONHOMME

32

Le loup noir et le loup blanc

LEQUEL VA GAGNER ?

Une fable amérindienne compare nos luttes intérieures à un combat entre deux loups de force égale : le loup noir et sombre contre le loup blanc et joyeux. Parfois, au cours de cette lutte sans merci, l'un des deux loups prend le dessus. Mais sa domination ne dure jamais très longtemps car son adversaire revient à la charge avec encore plus de vigueur.

Au final, lequel des loups gagne ? ***Celui que je nourris.***

Êtes-vous souvent fâchée ? Vous sentez-vous frustrée ? Êtes-vous au contraire satisfaite et détendue ? Prenez quelques instants pour observer vos loups et vous demander lequel prend le dessus dans votre vie en ce moment.

Quelle nourriture voudriez-vous cesser de fournir à votre loup noir ? Que pourriez-vous donner à manger à votre loup blanc ? N'oubliez pas qu'avec le temps, celui qui est nourri se fortifiera et celui qui n'est pas nourri s'affaiblira. ***Faites un pas à la fois.*** Votre loup blanc finira par prendre le dessus sur votre loup noir !

“

GARDE TON COEUR PLUS QUE TOUTE AUTRE CHOSE, CAR DE LUI VIENNENT LES SOURCES DE TA VIE

”

Proverbe de la Bible

JEANNIE
JEUCH

Fabuleuses : ce que vous m'avez appris

PEUT-ÊTRE QU'UN JOUR, JE DEVIENDRAI FABULEUSE MOI AUSSI…

Je suis la cinquième d'une famille de sept enfants. En grandissant, j'ai appris à voir tout ce que ma fabuleuse maman a donné pour nous, j'ai vu mes grandes soeurs devenir des mamans fabuleuses à leur tour et je vis depuis un an avec une fabuleuse qui a accepté de m'accueillir dans son cocon pour que mon rêve devienne réalité.

Je suis célibataire et sans enfants. Des fabuleuses, j'en ai vu et j'en vois défiler.

Même avec du vomi sur la chemise, même quand il n'y a plus de beurre dans le frigo, même quand vous êtes en train de vous égosiller sur cet enfant qui met dix ans à finir son assiette, même quand vous nous demandez honteusement de veiller sur votre nourrisson de trois mois le temps de prendre une douche l'esprit tranquille, même quand l'idée de sortir en famille vous décourage d'avance. Même dans tout ça, vous l'êtes : fabuleuse.

Je dois l'avouer, il y a bien ce moment où tous vos enfants ont décidé de venir à bout de votre système nerveux dans un temps record, deux en se chamaillant pour savoir qui a bu le premier dans un verre, un autre en ruinant votre canapé tout neuf 'cuir de chameau' avec cutter trouvé je-ne-sais-où, pendant que le dernier vient vous poser la question fatidique à laquelle vous avez déjà répondu "non" toutes les trois minutes depuis une bonne heure.

Ce moment où nous, les ***« sans enfants »***, nous savourons notre chance. Freedom, freedom, freedom !

La société aime faire des catégories. Il y a les "célibataires", les "en couple" et les "parents". Mais si j'ai appris une chose en vous côtoyant, c'est qu'on est tellement mieux ensemble. Parce que je n'ai pas de famille à moi, c'est vrai. Mais vous savez ouvrir vos maisons et vos coeurs, ainsi je ne me suis jamais sentie seule.

Alors, sans rire, merci de nous laisser prendre en charge votre marmaille de temps en temps. Merci pour ce moment où, autour d'un café, se dévoile une femme pétillante et drôle (oui c'est bien de vous que je parle !) Merci, chères Fabuleuses, de prouver chaque jour que l'on peut être femme, épouse, amie, maman de tellement de façons différentes, juste en restant soi-même. ***Merci parce que chacune de ce qui vous semble être une 'petite' victoire est en fait un trésor d'humanité.*** Merci pour vos ratés qui nous apprennent l'humilité. Merci parce que vous êtes inspirantes et qu'au fond, en vous regardant vivre, on se rend compte à quel point c'est beau d'être une maman.

Fabuleuses, je vous aime et vous admire.

"À la base du bonheur
il y a la relation.
Le bonheur, c'est arriver
à établir sa vie sur
une base très simple
de relations quotidiennes
d'ouverture, de sourire :
souris au monde
et le monde te sourira."
Soeur Emmanuelle

HÉLÈNE
BONHOMME

31

La guerre est déclarée

QUAND IL EST QUESTION DE COMPARAISON

Écharpe de portage vs. poussette, sein vs. biberon, couches jetables v.s langes en coton, mères au foyer vs. working mum. Sans parler des nouveaux pères au foyer, qui ont encore tout à revendiquer.

On juge que l'une tourne trop autour de ses enfants, que l'autre ne s'en occupe pas assez. Que l'un est ***toujours absent,*** qu'un autre est ***trop sévère*** et qu'un troisième n'organise pas assez de sorties pour sa famille. Que telle maison est ***toujours en bazar*** et que celle-ci est ***trop propre*** pour que des enfants puissent s'y épanouir. Que c'est ***inadmissible*** de reprendre ses études quand on a des enfants. Que rester à la maison, ce n'est ***pas assez*** valorisant. Ou alors que travailler, c'est abandonner le navire.

Alors qu'on a justement besoin d'un cercle d'amis qui puissent nous comprendre, on s'isole à coups de guéguerres entre parents. ***Pourquoi ?*** Parce qu'on n'est pas bien dans ses baskets. Au fond, on peine à assumer ses choix. Alors on doute et on commence à se comparer aux autres. Très vite, on se sent nul. Pour se défendre, on se met à raconter que Julie ne respecte pas assez l'environnement et qu'il est inadmissible que Marie n'allaite pas son petit.

Et si on déclarait la guerre à la comparaison ? On perd toujours à ce jeu-là. Ça rend méchant, ça ne rend service à personne et surtout pas aux enfants.

Et si, au lieu de juger les autres parents, on commençait à révéler les fabuleuses et les fabuleux en eux ?

La
comparaison
est le voleur
de la joie

DELPHINE
MOUGEL KAPITANIUK

35

Moi, maman d'un enfant autiste

L'URGENT EST FAIT, L'INDISPENSABLE EST EN COURS… POUR LES MIRACLES, PRÉVOIR UN DÉLAI.

Je suis maman de cinq enfants. Dans ces cinq miracles, l'autisme s'est invité. Il n'était pas prévu au programme des festivités. Alors on s'est adaptés. Et on a des petits secrets. Des secrets de bonheur.

1. *Accepter la difficulté*

« La vie n'est pas toujours la fête que nous espérions, mais puisque nous sommes là… dansons ! » Cette phrase n'est pas de moi mais elle me motive au quotidien. Non, ce n'est pas facile d'être la maman d'un enfant handicapé. Mais personne ne m'avait promis la facilité finalement… et à vous non plus ! Alors osons la joie !

2. *Ralentir*

« La vie n'est pas une urgence, c'est un cadeau. La vie, c'est comme un dessert, trop bon, trop éphémère pour ne pas ralentir et savourer. » - Ann Voskamp

Penser à l'avenir de mon fils autiste et à mon avenir en tant que maman, cela me fait peur. Avec le temps, j'ai commencé à apprendre que la vie est faite de cadeaux et que pour les voir et les saisir, je dois ralentir. Vivre, c'est s'investir dans l'instant présent et ne pas s'inquiéter pour l'avenir.

3. *Cultiver la gratitude*

J'ai un cahier où je note tous les cadeaux que je reçois. Vous voulez un extrait ?

- L'odeur d'un crayon de bois fraîchement taillé
- L'air frais du matin dans ma chambre
- Le rire de mes enfants
- Le tic-tac de l'horloge dans la maison calme
- La malice d'un regard…

Quelles que soient vos croyances et les aléas de vos vies, testez la reconnaissance et vous verrez qu'aujourd'hui est beau. Vous verrez que dire 'merci' permet à la joie de débarquer. Une joie qui dépasse les circonstances !

4. *Simplifier*

Ne vous mettez pas la pression. Le foyer, c'est la chaleur d'une maison confortable, peuplée de famille et d'amis venus (et bienvenus) de tous horizons. On peut être bien, là ensemble, sur le canapé, près du feu, et vivre un moment de simplicité extraordinaire. Même si l'étagère à chaussures abrite encore des tailles 22 que plus personne ne met et d'autres exemplaires éventrés et dépareillés. Ça peut attendre ! Accueillir sereinement les mots et les maux des uns et des autres, voilà l'essentiel. ***« La maison était rangée hier. Désolée, vous avez manqué ça ! »***

5. *Développer son imagination*

Nous, les mamans d'enfants handicapés, nous sommes forcées d'apprendre à relativiser. Nous devons sans cesse développer notre imagination et trouver des combines. Finalement, cela concerne tout le monde : apprendre à se dépasser pour être patient, espérer… et aimer.

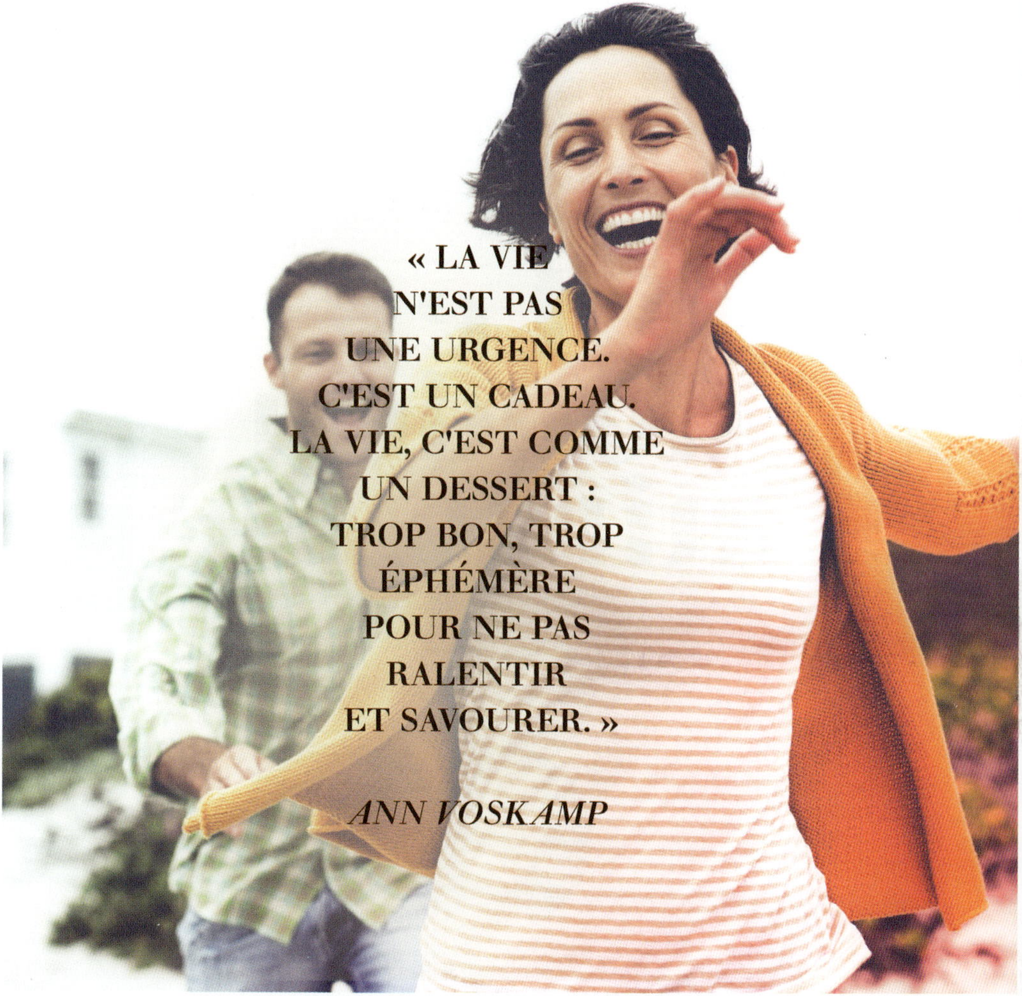

« LA VIE
N'EST PAS
UNE URGENCE.
C'EST UN CADEAU.
LA VIE, C'EST COMME
UN DESSERT :
TROP BON, TROP
ÉPHÉMÈRE
POUR NE PAS
RALENTIR
ET SAVOURER. »

ANN VOSKAMP

HÉLÈNE
BONHOMME

30

Le doudou miraculé

« QUAND LES GENS SONT DÉTERMINÉS, ILS PEUVENT TOUT SURMONTER. »
Nelson Mandela

Soleil radieux. Dans un coin de la piscine, un cours d'aquabike peuplé de sexagénaires, admirablement coachées par un gentil maître nageur tatoué. Et puis une pataugeoire bien chaude, un bassin désert, un toboggan géant, une caisse remplie d'arrosoirs et de canards. Rien que pour nous.

Un lundi en famille. La journée parfaite.

Bientôt 14h. Les scolaires ne vont pas tarder. Vite, on passe sous la douche et avant qu'ils n'arrivent, on squatte le vestiaire collectif. Histoire que les deux fauves ne soient pas tentés de se faufiler sous les cloisons des cabines individuelles.
Dans le couloir, le bourdonnement d'une classe de CE1 en approche. En moins de 30 secondes, c'est l'invasion. On attrape nos bébés, on récupère nos sacs et on finit de s'habiller dans le couloir.

S'ensuit une belle demi-heure de jeux de ballon, et un bon goûter dans le parc voisin. Allez, on remballe. Avant de partir, le check de rigueur : « On a tout ? »

Non, on n'a pas tout.

Il manque un doudou. Le doudou singe.

Évidemment que c'est une mauvaise idée d'emmener le doudou à la piscine. Évidemment qu'il faut laisser le doudou dans le lit si on veut pas le perdre. Évidemment.

Bon, maintenant il faut se mettre en mode solution. Pendant que mon mari fait des tours de parking pour calmer ces messieurs (qui, à présent, sont vraiment fatigués), je quadrille l'aire de jeux. Mes yeux laser ne parviennent pas à localiser le singe en question.

Je négocie avec l'hôtesse d'accueil pour pouvoir continuer mes recherches dans les vestiaires. J'entre dans le vestiaire collectif où nous nous étions changés : il est constellé de slips, chaussettes, draps de bains, goûters et autres affaires appartenant à la trentaine d'écoliers qui y ont installé leur QG.

Autant chercher une aiguille dans une botte de foin.

Je soulève un ou deux pantalons, puis je me dis que c'est indécent. Je me dirige vers les casiers (se cacher dedans : le jeu préféré de mes garçons à la piscine). Je concentre ma recherche vers ceux qui sont le plus près du sol. Méthodiquement, j'en ouvre une trentaine.

La femme de ménage me regarde bizarrement. Je lui demande si elle n'a pas vu un doudou (une peluche, pardon). Non, évidemment.

Direction le parc. On entre dans la phase 2. Je dérange les gens qui sont assis sur le banc, pour être bien sûre que le doudou n'est pas sous leur siège. Je retourne à la voiture et réouvre les 4 sacs. Rien.

Je suis tentée de mettre un terme à mes recherches. Puis je pense aux heures de souffrance qu'il faudra supporter en l'absence du doudou singe. Oui, on a un doudou de rechange. Le même, exactement le même. Sauf qu'il n'empeste pas la bave. Aucun intérêt.

Il faut se ressaisir. Ne pas douter. Rester concentrée. Il faut le retrouver.

Je repasse par le stand d'accueil, avec l'idée de laisser mon numéro de téléphone au cas où quelqu'un retrouverait le doudou. L'hôtesse est en pause café ; je me faufile discrètement vers les vestiaires pour un deuxième tour désespéré. Je regarde dans les toilettes, dans les douches. J'ouvre une vingtaine d'autres casiers. Rien. Dans le vestiaire collectif, toujours ces montagnes de fringues en bazar. Mais où est le doudou ?

Dans un ultime acte de foi, je tente ma dernière chance : « Dieu, je t'en prie, montre-moi où est ce doudou ! »

En un éclair, une pensée improbable me traverse l'esprit : ***« Regarde dans la poubelle. »***

Je n'ai rien à perdre. Direction la poubelle. Je soulève le couvercle. Il est là, bien logé dans un sac poubelle tout frais tout propre. Il m'attend. Le doudou singe.

Pas de doute : je suis fabuleuse. Et aussi : quelqu'un veille.

PEUT-ON ÊTRE À LA FOIS
UNE PRINCESSE ET UN SUPER HÉROS?

OUI.

ÇA S'APPELLE UNE MAMAN.

HÉLÈNE
BONHOMME

37

Brosse baby brosse

Porter un short et un débardeur.

Mettre la musique à fond. Aérer.

Croiser une jolie araignée.

Astiquer. Lessiver. Détartrer. Toiletter. Transpirer.

Penser aux prochaines vacances.

Ordonner. Déplacer. Disposer.

Monter le son. Chanter comme si personne n'entendait.

Tomber sur de vieilles photos oubliées.

Se dire qu'il faut rappeler Mamie.

Danser comme si personne ne voyait.

Frotter, brosser, bichonner.

Le ménage, c'est pas si mal !

La vie
n'est pas
toujours
la fête
que nous
espérions.
Mais
puisque
nous
sommes
là,
dansons !

HÉLÈNE
BONHOMME

28

Balade en Sierra Nevada

CE QUE LES SÉQUOIAS M'ONT APPRIS

L'été dernier, nous avons eu la chance inouïe d'explorer la Californie en famille et de partir à la découverte des arbres les plus imposants du monde.

Le séquoia géant est l'être vivant le plus massif de la planète. Le spécimen le plus imposant est le Général Sherman, haut de 83 mètres pour une circonférence de 30 mètres, un volume de 1 400 m^3 et une masse estimée à 2 100 tonnes.

Les séquoias géants se caractérisent également par leur exceptionnelle longévité, la majorité vivant plus de 2 000 ans, et certains dépassant les 3 000 ans, ce qui équivaut à 40 vies humaines.

Lors de cette balade en Sierra Nevada, les séquoias m'ont appris six leçons.

LA RÉSISTANCE

Les séquoias géants triomphent des catastrophes naturelles qui souvent tuent les autres arbres de la forêt. Ils sont incroyablement résistants à la sécheresse, aux maladies, aux insectes et au feu. Cette résistance extraordinaire est due à l'acide tannique, qui leur donne leur couleur rouge cannelle.

Être maman, c'est apprendre à résister. Aux assauts du quotidien, aux doutes, à la frustration, à la culpabilité. Résister !

LA RÉSILIENCE

Des études ont révélé que le fait d'allumer des feux dans les forêts de séquoias pouvait non seulement réduire le risque d'incendies, mais également stimuler la reproduction des séquoias géants. Lors d'un incendie, sous l'effet de la chaleur intense, les pommes de pin s'ouvrent, provoquant une pluie de semences par millions. Ces semences atterrissent sur un sol fertilisé par les cendres et permettent une reproduction miraculeuse.

***Qu'est-ce qui fait un héros ?
Un personne ordinaire qui persévère.***

LA SOLIDARITÉ

Les racines des séquoias géants sont ancrées à moins d'un mètre de profondeur dans le sol. Comment des arbres de plus de 2 000 tonnes peuvent-ils tenir debout avec si peu de profondeur ? En fait, les racines s'étendent à l'horizontale, très loin de l'arbre, jusqu'à cent mètres, et c'est l'interconnexion complexe des racines qui aide les séquoias à se maintenir entre eux.

Les séquoias s'aident les uns les autres. Ils ne sont pas en compétition pour ce qui est des ressources. Leur immense système de racines fusionne ensemble, et ils partagent les ressources nutritionnelles du sol.

Solidarité entre mamans !

LA GUÉRISON

Les séquoias géants sont résistants au feu, mais pas ignifuges. Suite à une accumulation de chaleur, même l'écorce la plus épaisse peut être calcinée. Cela laisse de grandes et profondes cicatrices sur les arbres.

Mais les séquoias ont cette incroyable capacité de guérir de leurs blessures. Bien souvent, après des dommages importants, ils peuvent survivre encore pendant des siècles. De manière continue, du nouveau bois croît de chaque côté d'une cicatrice due au feu, couvrant chaque année un peu plus la blessure, jusqu'à ce qu'elle soit complètement guérie, comme une nouvelle peau.

Chacune d'entre nous a pu vivre des désastres, voire même des drames.
Fabuleuses : votre passé ne détermine pas votre avenir !

L'INTERDÉPENDANCE

Les séquoias forment des partenariats. Ils sont membres d'un écosystème complexe, où les êtres vivants sont interdépendants. Par exemple, le séquoia géant ne sait pas ouvrir lui-même ses pommes de pin ; elles peuvent patienter jusqu'à 20 ans, jusqu'à ce que quelqu'un vienne les ouvrir et en disperser les semences. C'est le rôle du petit longicorne et des écureuils Chickaree et Douglas. En échange de nourriture, ces petites bêtes prêtent main forte au gros arbre.

Personne n'est trop insignifiant pour être irremplaçable.

LA PÉRENNITÉ

Les séquoias géants pourvoient pour les générations futures. Après la mort d'un séquoia géant, le tanin agit comme un conservateur naturel qui ralentit le processus de décomposition. Une libération lente de nutriments se produit pendant des milliers d'années. C'est ainsi qu'un scientifique a trouvé un séquoia mort et non décomposé depuis près de 10 000 ans !

Fabuleuses, vous récolterez demain ce que vous avez semé aujourd'hui. Le temps que vous passez avec vos enfants aura des conséquences éternelles. Ne l'oubliez jamais !

“VIVRE C’EST PARTAGER, AIDER L’AUTRE,
MARCHER ENSEMBLE,
COURIR ENSEMBLE, CHANTER ENSEMBLE.
ÊTRE ENSEMBLE,
C ‘EST TRÈS IMPORTANT.”

Soeur Emmanuelle

CINDY
GHYS

39

Musique : changez l'atmosphère

Discrète ou affreusement bruyante, elle se cache dans les tupperwares de la cuisine, sur le siège d'un tabouret, dans les arbres du parc d'à côté ou dans nos trousseaux de clés.

Lotie dans une poche de jean, présente dans l'écho d'un chien qui aboie, dans le rythme de nos pas ou encore dans le murmure du silence, elle chante la vie et les soucis.

Tu as bien dit musique ? Oui, car pour nos petits, la musique c'est tout ça ! Pas besoin d'être musicien pour vivre la musique au quotidien. Tout est matière à s'amuser en rythme et en chanson !

À toutes les mamans cool, bordéliques, psycho-rigides, mystérieuses, détendues, optimistes, fatiguées, fabuleuses… ***montez le son !***

La musique est une arme puissante pour nous aider dans notre quotidien. Elle motive, rassure, console, inspire, apaise, encourage, forge. Elle change l'atmosphère de notre maison et de notre coeur. Et ce qui est bon pour nous l'est pour toute la famille !

Alors soyons prêtes à dégainer en toute occasion : pour un bobo, un repas, un trajet, un dodo…

“

SI VOUS NE POUVEZ PAS CHANGER VOTRE DESTIN, ALORS CHANGEZ VOTRE ATTITUDE.

”

AMY TAN

HÉLÈNE
BONHOMME

Der Apfel fällt nicht weit vom Stamm

"La pomme ne tombe jamais loin de l'arbre."
Proverbe allemand

C'est fou comme, le jour où on a des enfants, on réalise d'un coup qu'on ressemble à ses propres parents. C'est fou comme on se voit parler et réagir comme eux. C'est fou comme on se dit : les chiens ne font pas des chats.

Un enfant, c'est un miroir. Dès son arrivée, on se voit en lui. Quand on l'observe jouer, pleurer, grandir, on se dit : ***« Quelle chance il a d'avoir mes qualités ! »***, et plus souvent : ***« Quelle poisse il a d'avoir mes défauts. »***

La vie est une course de relais géante. Chaque génération a sa ligne de départ. À nous de courir au plus vite pour, si possible, faire gagner quelques mètres à la génération suivante.

À nous de tout faire pour gérer nos conflits intérieurs, afin de ne pas les transmettre à ceux qui viennent après nous.

Menons nos propres guerres et nous leur ferons gagner un peu de temps !

LA VIE
EST UNE
COURSE
DE RELAIS
GÉANTE :
CHAQUE
GÉNÉRATION
A SA LIGNE
DE DÉPART.

STÉPHANIE
DE TELLIER

11 Quand il est question d'être en accord avec soi

Au milieu de cette guerre hebdomadaire sur les réseaux sociaux, entre « *défenseurs de la femme au foyer* » et « *chevaliers pro femme au bureau* », il y a juste des femmes, qui sont aussi des mamans, qui sont aussi des travailleuses, qui sont parfois des épouses, et qui ont juste besoin d'être valorisées.

Ce soir j'ai pleuré. C'est venu comme ça, sans que je m'y attende, au milieu d'une phrase. Ceux qui me connaissent savent que je pleure tout le temps, donc ce n'était pas non plus l'événement de l'année. Habituellement, quand je pleure, j'ai des signaux avant coureurs : les yeux qui piquent et tout le toutim. Là, ça m'a pris en parlant, sans prévenir. On arrête le suspense haletant, les larmes sont apparues en prononçant la phrase suivante : ***« Et comme moi je ne travaille pas, et bah je sers à rien ».***

Soyons clairs, je n'en pense pas un mot. Je suis une joyeuse chômeuse depuis mon diplôme, soit trois petits mois. Et je m'éclate car Pôle Emploi subvient à nos besoins. Nous sommes un couple de trentenaires au chômage avec un enfant : j'ai envie de dire « so glamour ». Mon fabuleux a été licencié brutalement et fort heureusement, ses indemnités Assedic nous permettent de manger des pâtes plutôt régulièrement mais sereinement. Et encore plus fort heureusement, il ne me trouve ni inutile ni feignante. Bien au contraire.

J'ai donc du temps pour moi et ma ***« créativité »***. Ne rigolez pas, on peut AUSSI nourrir son âme devant un téléfilm de Noël sur M6 (entre deux virées au musée bien sûr).

En fait, je me sens libre comme je ne l'ai jamais été et j'ai le temps de faire tout ce que j'aime. En plus, ma maison est propre, je fais de la soupe et des compotes, je fabrique mes cadeaux de Noël et je joue avec ma fille (et je m'occupe aussi de mon époux, sois rassuré ô toi, lecteur masculin).

Alors me direz-vous : ***« pourquoi tu nous saoules avec tes larmes ? »*** Parce qu'en fait, pendant ces trois petits mois, j'avais aussi mes projets professionnels, et ceux-là, ils ne décollent pas. Mon activité d'urbaniste est trop lâche, trop distendue et de moins en moins palpable. Quant à me rapporter des sous, hum… bref.

Alors que je suis pleine d'énergie, d'envie (et de compétences), la crise socio-énonomique qui touche notre petit monde m'empêche de me développer puisque pas d'argent public = pas de projets = pas de boulot.

Je ne sais pas pourquoi je vous parle de moi, ça ne sert à rien et ça finit en eau de boudin (spéciale dédicace à Bernard Pivot, ***« toutim »*** et ***« boudin »*** dans la même chronique, il fallait oser).

Je voulais juste parler en tant que femme, qui passe beaucoup de temps dans sa maison, dont le bureau est au milieu du salon, et qui fourmille de projets qui tardent à voir le jour. En fait, je voulais témoigner en tant que maman freelance.

Car au milieu de cette guerre hebdomadaire sur les réseaux sociaux, entre ***« défenseurs de la femme au foyer »*** et ***« chevaliers pro femme au bureau »***, il y a juste des femmes, qui sont aussi des mamans, qui sont aussi des travailleuses, qui sont parfois des épouses, et qui ont juste besoin d'être valorisées par leur conjoint, leurs ami(e)s, leurs parents, la société. J'ai la chance d'être de celles qu'on valorise, j'aimerais partager cette chance avec plus de monde. Parce que je crois qu'une majorité des commentaires excessifs sur la bonne ou la mauvaise situation de vie que je peux lire, sont pour la plupart générés par un manque de reconnaissance.

Reconnaissez les Fabuleuses qui vous entourent, et dites-leur qu'elles déchirent. En toute simplicité. ***Merci pour elles.***

Que ce soit
au foyer ou
à l'extérieur,
avec ou sans
les enfants,
vous avez
de belles choses
à apporter
au monde.
Florence Servan-Schreiber

THÉRÈSE
HARGOT

12

Ma vocation

TROUVER SA VOCATION POUR NE PAS S'ÉPUISER

Aujourd'hui, l'enfant est vu comme un projet. On le désire, on en a envie. On le voit comme une réalisation personnelle.

Or l'enfant, c'est avant tout le fruit d'un amour. Notre vocation ne doit pas être d'avoir et d'élever des enfants. Elle doit être beaucoup plus profonde.

Prendre soin de ses enfants n'est pas une fin en soi. Sinon, on vit sa vie au travers d'eux. On ne va pas être nourri personnellement. Les femmes donnent, donnent, donnent constamment… Nombreuses sont celles qui s'épuisent !

Comme toute leur identité est fondée sur leurs enfants, elles ne savent plus qui elles sont. Et cela n'a ***rien à voir avec la quantité de temps*** qu'on donne à ses enfants. L'épuisement maternel peut concerner les mères qui travaillent autant que les mères qui sont au foyer.

Bien sûr, une mère prend soin de ses enfants. Mais le danger est d'en faire sa vocation.

Il est fondamental pour une mère de ne pas tout investir pour ses enfants ou même pour son couple. Beaucoup de jeunes femmes racontent comment elles ont vu leur mère s'écrouler quand les enfants sont partis de la maison. Fabuleuses : trouvez votre vocation !

La vocation, c'est : ***« Qu'est-ce que j'ai envie de réaliser sur terre ? Quel est le sens de ma vie ici ? Qu'est-ce que j'ai envie de donner aux autres ? Comment je contribue à rendre la société plus humaine ?… »***

C'est une mission de vie purement personnelle, qui n'est pas liée directement à un métier précis et qui ne doit pas dépendre de notre situation affective ou familiale. Cette mission est la raison de notre présence sur terre. Elle ne nous épuise pas.

Je crois qu'il est essentiel de la trouver, parce que c'est elle qui nous rend véritablement heureux et qui nous permet d'avoir une relation beaucoup plus juste et appropriée avec l'homme de notre vie et les enfants qu'on met au monde.

SOYEZ VOUS-MÊME :
TOUS LES AUTRES
SONT DÉJÀ PRIS
OSCAR WILDE

HÉLÈNE
BONHOMME

43

La couleur des compliments

TU ES GENTILLE, TU ES INTELLIGENTE, TU ES IMPORTANTE.

Ceci n'est pas une critique de film. Cela dit, si vous n'avez toujours pas vu *The Help* (La couleur des sentiments), rattrapez-vous vite !

Ne serait-ce que pour la réplique mythique, celle qui construit toute l'histoire.

Une phrase que je me dis souvent à moi-même. Une phrase que j'ai mise au masculin, pour mes garçons. À vrai dire, je l'ai même transformée en chansonnette, pour leur répéter le plus souvent possible.

Tu es gentil, tu es intelligent, tu es important.

Non pas ce que tu fais, non pas ce que tu feras. Ce que tu es. Et ça, rien ni personne ne pourra te l'enlever !

OSER PERDRE DU TEMPS
POUR ÊTRE GENTIL,
C'EST RINGARD MAIS ÇA
MARCHE. UNE GENTILLESSE
INHABITUELLE, EXAGÉRÉE,
CHOQUANTE ! ALORS, ON
VIT UNE VIE COMPLÈTEMENT
ABONDANTE.

SARAH
PEREIRA PINTO

44

L'anniversaire pirate

ODE AU TEMPS QUI PASSE

Ça s'est passé un soir. Comme tous les autres soirs, mon très cher mari était allé chercher notre petite princesse auto-proclamée à l'école. Sur la table, posée négligemment, une enveloppe avec un pirate pour tout ornement et une inscription sur le dessus : ***« Invitation »***.

Interloquée, j'ai pris le document entre mes mains comme une enveloppe qui contient les résultats d'un examen, une réponse à une question à un million de bonbons, bref quelque chose de sérieux.

Mais qu'est-ce qu'une invitation dont ni moi ni mon mari n'étions les destinataires pouvait bien faire chez nous ?

Je vais vous le dire : cette demoiselle que nous hébergeons et qui répond au doux titre de ***« princesse »*** était bel et bien invitée à une fête d'anniversaire, une semaine seulement après avoir fait sa première rentrée. Je ne savais pas qu'il fallait si peu de temps à la maternelle pour sociabiliser les enfants !

Son père et moi naviguons dans le flot de la vie, arrivant à peine à programmer un tête à tête en amoureux, et entre amis n'en parlons pas. Et voilà que notre puce se voit inviter à une fête, *just like that !*

Eh oui, elle marche, parle, a trois ans 3/4, des copines (et pas des copains parce que les garçons, c'est nul !), des tonnes de secrets et maintenant on l'invite à des « parties ». Bientôt, elle nous demandera les clés de la voiture, partira en week-end avec ses copines et nous, vieux et fatigués, n'aurons que nos yeux pour pleurer et regretter le temps où nos gazouillis constituaient le top de sa journée de bébé.

Alerte maman en pleine crise du nid ***« presque »*** vide.

“

VIVEZ VOTRE VIE ET OUBLIEZ VOTRE ÂGE.

”

NORMAN VINCENT PEALE

HÉLÈNE
BONHOMME

15

Miroir, mon beau miroir

QUAND IL EST QUESTION D'INTROSPECTION

Pas moyen de savoir si vos cheveux sont en pétard au réveil. Aucune idée de l'existence du gros bouton jaune sur votre nez, ni du fait que votre braguette est malencontreusement restée ouverte. Vous non plus, vous ne pourriez pas imaginer un monde sans miroir ?

Vous êtes peut-être de celles qui ont besoin de vérifier leur reflet toutes les dix minutes, n'hésitant pas à mettre à contribution les vitrines des magasins, les vitres des voitures et les écrans de téléphone. (Que celles qui n'ont jamais fait un selfie pour constater leurs coulures de mascara me jettent la première pierre.)

Lorsqu'on se regarde honnêtement dans son miroir intérieur, on voit ses échecs, mensonges, pensées de travers, mauvaises habitudes, paroles méchantes et autres blessures qu'on a pu infliger aux autres.

Alors on commence à se faire des promesses à soi-même :

« Aujourd'hui, j'arrive à l'heure », *« Aujourd'hui, je fais attention à ce que je mange »*, *« Aujourd'hui, je ne râle pas »*, *« Aujourd'hui, je ne crie pas sur les enfants »* ou encore *« Aujourd'hui, pas de shopping compulsif »*.

Pleine d'espoir, on se persuade que c'est le temps du changement. Dépitée, on réalise à la fin de la journée qu'on est toujours la même. Et plus on est dans cette introspection, plus on a l'impression que nos efforts ne sont jamais suffisants, qu'il y a toujours un échec, un manquement ou une addiction pour nous pousser à l'exaspération.

C'est bien de réaliser ce qui ne va pas. Mais passer son temps à se regarder dans le miroir ne réglera pas le problème. Passer son temps à se trouver incapable n'a jamais rendu personne capable.

Si j'ai une mèche rebelle, ce n'est pas en me regardant dans le miroir que mes cheveux seront lissés. Ce n'est pas en me regardant dans le miroir que je vais faire disparaître cette énorme plaque rouge apparue dans la nuit. Ce n'est pas en me regardant dans le miroir que je vais pouvoir éliminer les traces de bave que mon rejeton a déversée sur mon épaule.

De la même manière, ce n'est pas le fait de réaliser que je crie tout le temps qui va me faire changer pour ne plus crier. Ce n'est pas le fait de réaliser que j'ai un problème avec la nourriture qui va faire changer mes habitudes alimentaires. Ce n'est pas le fait de réaliser que je passe mon temps à envier les autres mamans qui va me faire sortir de la prison de la comparaison.

Une fois qu'on a pris conscience de ce qui ne va pas, il ne sert strictement à rien de passer son temps à se morfondre. Bien au contraire ! On va commencer à culpabiliser, à craindre, à s'imaginer le pire, à se justifier, à s'isoler, reproduire les mêmes échecs et accuser les autres. En somme, on va ajouter de nouveaux problèmes à notre premier problème. C'est la porte ouverte à la peur, à l'isolement, au stress, à l'amertume, aux insomnies et aux cauchemars.

Une fois que vous avez pris conscience d'un problème, ne restez pas devant le miroir. ***Faites demi-tour*** et remarquez votre étagère fictive où trônent shampoings, après-shampoings, gels, exfoliants, fil dentaire et autres crèmes hydratantes. Seule cette panoplie a le pouvoir de vous aider à changer. Tournez-vous vers ceux en qui vous avez confiance, lisez des livres, assistez à des conférences, passez du temps avec des gens qui vous font du bien. Ne perdez pas trop de temps à vous croire incapable. Vous êtes capable. Croyez-le et vous verrez que la solution n'est pas loin !

JE SUIS CAPABLE

MARION
MIROU

46

Lire, envers et contre tout

DE TOUT TEMPS, J'AI ÉTÉ UNE GRANDE LECTRICE.

Enfant, j'ai lu et relu mes livres. Depuis mes albums cartonnés, jusqu'à la collection complète des ***J'aime lire*** de mon école (et pas juste pour les Tom-Tom et Nana !), les ***Je bouquine*** de mon collège, en passant par toutes les déclinaisons dites Junior des maisons d'édition.

Et puis, les études sont arrivées. ***Castor Poche*** et ***Folio Junior*** ont été remplacés par les éditions ***Pocket***, ***10/18***, ***J'ai lu*** et ***Harlequin*** (parole de scout, la romance c'est bien). Et aux heures de lecture « loisirs » tant aimées, il a fallu ajouter la lecture « studieuse ». Les traités, essais, biographies et autres ouvrages de référence sont venus tenir compagnie à mes héros préférés.

J'ai vu bien des lecteurs trébucher pendant cette période et peiner à trouver le temps de lire « pour eux ». Ils leur restaient les vacances, et l'espérance que l'âge adulte leur libérerait à nouveau le temps nécessaire pour se plonger avec délectation dans les pages d'un roman (ou d'une bande dessinée).

L'âge adulte offre lui aussi son lot d'embûches. Mais j'avais réussi. J'ai sauté à pieds joints dans le monde du travail et j'ai continué à tourner les pages de mes romans, testant mes envies littéraires, affinant mes goûts et partant en croisade pour défendre les couleurs plus ou moins acidulées de la romance sous toutes ses formes.

Puis est arrivée la maternité et cette prise de conscience que mes habitudes de lecture allaient devoir drastiquement changer. Car si vous riez jaune lorsque l'on vous conseille de « dormir pendant qu'il dort » (genre, on n'y avait pas pensé), imaginez le regard perplexe des « donneurs de conseils » quand vous avez l'audace d'émettre un desiderata quant au fait que sa majesté l'empereur vous a fait vous interrompre quatre fois dans le dernier chapitre haletant de votre livre. C'est moche quand même, on allait enfin savoir qui est le jumeau maléfique de Gérald !

Ainsi, poussée par l'envie et la nécessité de me raccrocher à un semblant de maîtrise de ma vie, j'ai effectué des recherches et testé de nombreuses techniques pour pouvoir lire envers et contre tout. Parce que, lire avec un nourrisson, yes you can !

Écouter des livres : L'Audiobook, c'est LA technique infaillible pour lire en donnant le biberon, en changeant la couche et en faisant la douzième machine de la semaine. Bonus : votre bébé profite lui aussi de la musicalité de la voix.

Les généraux en chef de familles nombreuses pourront même « lire » en conduisant leurs petits soldats à leurs divers impératifs (école/solfège/judo/macramé).
La poésie prend un sens nouveau. Avouez qu'un sonnet de Shakespeare sonne plus glamour que le « tournez à gauche » de Tom-Tom (l'autre, celui du GPS).

Se procurer une liseuse : ne criez pas au diable, pas tout de suite ! Je suis la première à entretenir une relation charnelle avec mes livres. J'aime voir leur tranche vieillir et les collections se compléter sur mes étagères. Mes livres, je les aime. Même s'ils m'ont cassé le dos et m'ont fâchée avec tous mes amis à chaque déménagement. Mais un livre, vous pourrez le snifer autant que vous voudrez, il vous faudra toujours une main pour le tenir et une autre pour tourner la page, à moins que vous ne soyez en mesure de me dire que vous êtes l'enfant caché de Jean Grey et Yoda.

Se plonger dans la littérature enfantine : certes, lire pour la cinquantième fois les aventures trépidantes de Sam Sam ne remplacera pas un bon polar de Peter May. Mais voyez cela comme un investissement. Plus l'initiation se fait tôt, plus vite vous pourrez vous asseoir avec un livre sur votre canapé et espérer que le minimoy qui vous regarde en versant ses boites de cubes sur le tapis vous laisse tranquille. Voire même, qu'il laisse les cubes et qu'il prenne l'un de ses livres (à la suite d'une sélection qui impliquera bien entendu de vider la totalité de sa bibliothèque sur le sol) avant de s'installer à côté de vous, son livre sur les genoux et son doudou à la main. Et puis, se plonger dans la littérature enfant, c'est découvrir des livres absolument hilarants et replonger dans sa propre enfance, celle-là même qui nous a donné le goût de la lecture.

Alors oui, chères fabuleuses, faites-vous du bien.
Lisez ! Lisez !

AIMEZ-VOUS.
PRENEZ SOIN
DE VOUS.
LISEZ !

HÉLÈNE
BONHOMME

47

Dream Board

« LORSQU'ON VIT UNE VIE PASSIONNÉE, ON FAIT LES CHOSES PARCE QU'ON EST MOTIVÉE ET ALORS ON A DE L'ÉNERGIE. »

Mariela Castillo Demetriou

Vous souvenez-vous de la dernière fois que vous avez rêvé ? Je veux dire, un rêve éveillé ? Avez-vous déjà pensé à faire un dream board ? Qu'est-ce que c'est ? Un tableau où vous épinglez les images de tout ce que vous voulez que votre vie SOIT, de quoi vous voulez qu'elle AIT L'AIR et quels sentiments vous voulez qu'elle vous INSPIRE.

Ces images peuvent être des choses (une maison, un hamac, un paysage...), des personnes (le portrait de quelqu'un que j'aimerais rencontrer, une photo de famille...) mais aussi des concepts (comment je veux me sentir dans mon corps ou dans ma tête, quels types de relations je voudrais).

Pourquoi faire un dream board ? Parce que nous sommes des créatures visuelles. Tout ce que nous voyons nourrit notre subconscient. Or notre subconscient nous guide dans nos choix. Naturellement, notre cerveau va chercher des choses similaires à ce que nous voyons. En épinglant notre vie rêvée, nous nous préparons à la vivre en réalité !

Votre matériel : un grand panneau en liège, des épingles, des magazines, une paire de ciseaux. ***Vous êtes prête !*** Il ne vous reste plus qu'à découper et épingler des images qui décrivent où vous voulez en être dans un an, cinq ans, dix ans.

Cherchez des images/photos qui décrivent votre vie de rêve en termes de santé, finances, carrière, environnement, passions, hobbies, spiritualité, développement personnel, soins personnels, voyages, aventures, buts et rêves... Vous pourrez ainsi découper une image représentant un certain niveau sportif, une activité professionnelle, une maison à la campagne, des cours de dessin ou de danse, un massage, des vacances à la mer, un groupe d'amis...

Vous pouvez faire un dream board personnel mais aussi un dream board familial, en impliquant votre conjoint et vos enfants. ***Nourrissez vos rêves et ils finiront par s'accomplir !***

Texte adapté avec autorisation de *www.teamsynergiealliance.com*

“ POUR RÉALISER UNE CHOSE VRAIMENT EXTRAORDINAIRE, COMMENCEZ PAR LA RÊVER.”
- WALT DISNEY -

HÉLÈNE
KNEUSS

18

La chasse aux trésors

J'ESSAIE DE SOURIRE AU TEMPS QUI PASSE. JE N'AI PAS PEUR DE VIEILLIR, J'AI JUSTE PEUR D'OUBLIER…

P*olo* pleine à craquer : chaise haute, réhausseur, poussette, transat… pleine de choses auxquelles on associe le fameux ***« Je le prends quand même, on ne sait jamais ! »*** La radio diffuse un nouveau titre de la comédie musicale Notre-Dame de Paris, pour la troisième fois de l'après-midi. Garou commence tout juste à être autre chose que la deuxième partie d'un mot composé qui signifie ***« humain qui se métamorphose les soirs de pleine lune. »***

Bébé Foucauld est prêt, accroché. Nouveau hochet à mâchouiller, go ! J'ai 22 ans et je ne le sais pas encore mais bébé Marthe pointera le bout de son nez dans huit mois.

Quelques bébés, sièges auto et voitures plus tard…

Touran plein à craquer (pour moi *Touran* est du genre masculin à la différence de *Polo*, ne me demandez pas pourquoi). Touran est donc plein, mais plein du strict nécessaire. La radio diffuse le dernier titre de Coldplay, lorsqu'un CD me parvient par-dessus l'épaule : ***« Maman tu peux mettre l'album d'Imagine Dragons s'il te plait ? »*** (France Info c'est mort… une fois de plus).

Foucauld a maintenant 15 ans et demi. Oui le demi ça compte parce que ça me prépare doucement au 16. Na !

J'ai décidé d'assumer. Oui, j'ai la larme facile et très souvent la gorge nouée. Mais je ne dégaine le mouchoir que lorsque je suis seule… Le mode ***« même pas mal »***, je connais. L'orgie de *Haribo* les jours de rentrée, c'est ma spécialité. (Comment ça, je compense ?)

Je refoule trop souvent ces petites larmes qui pointent lorsque j'essaye de sourire au temps qui passe. Je n'ai pas peur de vieillir, j'ai juste peur d'oublier…

Parce que les nez qui coulent et les cuillères-avions, c'était merveilleux. Parce que les bodies à repasser et les lacets à faire, c'était magique. Parce qu'un bisou baveux à la purée d'épinards, ça vaut son pesant de cacahuètes. Parce que les petits pots pomme myrtille sur mes chemisiers blancs, finalement ce n'était pas bien grave.

Alors aujourd'hui plus de tâches aux myrtilles, plus de bisous d'épinards en purée, plus de bodies repassés, plus de nez à moucher… Parce qu'aujourd'hui c'est autrement. ***Ce n'est pas moins bien, c'est différent.***

Parce que chaque jour, je pars à la chasse aux trésors. Ces trésors qui font qu'aujourd'hui est rempli d'hier, chargé au taquet pour demain. On ne s'encombre pas du superflu, on a juste besoin d'essentiel… J'ai 37 ans (et demi, na !) et je collectionne nos essentiels. Alors go ! Que la route est belle !

- ON EST QUEL JOUR ?
- ON EST AUJOURD'HUI.
- MON JOUR PRÉFÉRÉ !
Winnie l'Ourson

HÉLÈNE
BONHOMME

49

Boost yourself, mais pas que

FABULEUSES ENTRE LES FABULEUSES...

Cette semaine, mon Fabuleux était en déplacement professionnel. D'habitude, il part un jour, parfois deux. Cette fois, il a fallu tenir quatre jours sans lui. Quatre jours sans ses blagues pour me changer les idées, sans ses jeux de bagarre qui défoulent nos garçons ni la demi-heure où il leur fait prendre le bain tandis que je prépare le dîner sans personne dans mes pattes.

Quatre jours. Et puis, il y a les fabuleuses entre les fabuleuses : celles qui gèrent leur famille seules, 365 jours par an, et qui pour la plupart doivent en plus aller bosser.

Les mères célibataires sont de véritables héroïnes du quotidien. Je sais que c'est facile à dire, mais je les admire. Vraiment.

Et si on pensait à elles ? ***Objectif pour aujourd'hui : dire à au moins une super maman qu'elle déchire.*** Qui relève le défi avec moi ?

“
LA VIE
EST BELLE
DANS LA
MESURE OÙ
JE DONNE
QUELQUE
CHOSE DE
MOI-MÊME.
”
SOEUR EMMANUELLE

HÉLÈNE
BONHOMME

Thank God we are fabulous

« ON VIT DANS UNE SOCIÉTÉ OÙ ON A L'IMPRESSION QUE TOUT EST DANS LE FAIRE. OR CE QUE TU ES POUR TA FAMILLE, C'EST DE LOIN LE PLUS IMPORTANT ! »

Emma Moreau

La route est longue. Les gens nous disent d'attendre pour être heureux. Les temps sont durs. Les gens disent que toutes les mères sont épuisées. L'espoir est rare. Les gens disent que la famille est en péril et que la société en déroute.

Heureusement, il y a des femmes ordinaires qui accomplissent en secret des choses extraordinaires. Heureusement, il y a des gens qui croient encore en l'avenir.

Heureusement, il y a une fabuleuse dans chaque foyer.

À nous de la révéler !

ELLES NE
SAVAIENT PAS
QUE C'ÉTAIT
IMPOSSIBLE,
ALORS ELLES
L'ONT FAIT.

LES AUTEURS

HÉLÈNE BONHOMME

Fondatrice du site ***Fabuleuses au foyer***, Hélène a 28 ans. Elle est mariée à David Bonhomme, directeur fondateur de l'agence de communication Progressif Media et représentant de la gent masculine dans cet ouvrage. Installés près de Strasbourg, dans le vignoble alsacien, ils sont les parents de Roman et Adelin. Après une Khâgne, un diplôme de philosophie, plusieurs années d'enseignement, le lancement de l'entreprise de son mari, beaucoup de travail en équipe en tant que rédactrice et la création de plusieurs spectacles, Hélène devient maman de jumeaux.

Plongeant ainsi dans ce monde inconnu que l'on appelle le foyer, fait de joies mais aussi de solitude et de culpabilité, elle vit un tsunami logistique et identitaire qui lui donne l'envie d'interviewer des femmes inspirantes et de mettre par écrit des pensées motivantes. C'est ainsi que voit le jour ***Fabuleuses au foyer***, une communauté de mamans connectées.

Passionnée par la famille, la santé, le théâtre, le développement personnel, l'épanouissement spirituel, les relations et l'entrepreneuriat au féminin, elle s'investit dans des projets de blogging, presse, bien-être, comédies musicales, vidéos… Son objectif : révéler en chaque maman la fabuleuse, débordante d'énergie, qui s'assume et qui donne envie aux autres d'entrer dans leur plein potentiel. Aujourd'hui, par ce livre et par la communauté des fabuleuses, le rêve devient réalité. Et ce n'est que le début !

www.helenebonhomme.com

www.facebook.com/helene.bonhomme.12

Twitter & instagram @helenebonhomme

helene@fabuleusesaufoyer.com

MYRIAM CORN

Installée au Québec depuis plus de dix ans, Myriam Bernard Corn est fière d'avoir su garder son accent français. Travailleuse sociale, manager d'équipes bénévoles, esthéticienne de talent dans un célèbre spa montréalais, épouse de l'artiste Sébastien Corn et maman de la petite Eva, Myriam livre aux fabuleuses ses secrets sur la beauté et l'estime de soi.

REBECCA DERNELLE-FISCHER

D'origine belge, Rebecca est installée en Allemagne avec son mari et ses trois filles. Psychologue indépendante et mère au foyer pleine d'entrain, elle garde de ses études en psychologie positive un regard bienveillant sur la femme et la famille. Après avoir accompagné de nombreuses personnes handicapées, Rebecca est aujourd'hui la maman adoptive d'une petite fille porteuse de trisomie 21.

SANDRA DUBI

Ancienne mannequin chez *Élite*, psychologue, Sandra Dubi est mariée à Julien. D'origine suisse, ils sont responsables du *Gospel Center* à Annecy et fondateurs de S2V, une association d'aide aux familles. Ils sont les parents de six garçons, âgés de 3 à 13 ans. Malgré les aléas du quotidien propres à une mère de famille nombreuse, Sandra n'a pas peur du chaos car c'est là que la vie s'exprime le mieux !

www.s2v.info

CINDY GHYS

Maman de la petite Constance et femme d'entrepreneur, Cindy utilise ses expériences d'animatrice et de musicienne pour parler aux Fabuleuses.

Strasbourgeoise d'adoption, elle aime utiliser sa créativité pour encourager les femmes à persévérer. Son leitmotiv : « votre passé ne détermine pas votre avenir ».

www.cindyghys.fr

THÉRÈSE HARGOT

Sexologue, formatrice, accompagnatrice, auteure et conférencière, parisienne de coeur et new-yorkaise dans l'âme, Thérèse développe au lycée Stanislas un projet pilote qui a pour objectif de fournir une éducation affective, relationnelle et sexuelle en milieu scolaire. Sa mission est éducative et préventive. Elle consiste à "développer l'intelligence émotionnelle des élèves". Avec ses Chroniques philosophiques d'une sexologue, Thérèse est également une bloggeuse qui décrypte l'actualité, ainsi que nos questionnements, avec tact et talent.

www.theresehargot.com

JEANNIE JEUCH

Jeannie est la cinquième d'une famille de sept enfants. De l'Alsace à la région parisienne où elle est installée aujourd'hui, elle a pu observer de près le quotidien de nombreuses fabuleuses. Inspirée par leur sincérité et leur humilité, elle leur offre un bel hommage en prenant la plume pour les encourager à son tour. Étudiante, célibataire et sans enfants, elle prouve qu'être fabuleuse, c'est d'abord une attitude !

HÉLÈNE KNEUSS

Hélène vit à Nancy. Elle est maman de quatre enfants dont trois ados. Son mari et elle ont été « paman au foyer » ou « mampa au foyer ». Le mot d'ordre de leur organisation familiale ? Toujours chercher à être serein, même si cela implique de mettre certaines activités entre parenthèses. Aujourd'hui, Hélène a fait son come back au bureau en tant que contrôleur de gestion et responsable qualité mais elle se considère toujours comme une maman à plein temps.

LYDIA LEVANT-BOL

Lydia est psychologue du travail. Son leitmotiv : aider les gens à trouver leur voie et à développer leur plein potentiel. Et puisque la période de maternité touche et bouleverse profondément l'identité d'une femme, elle offre aux ***Fabuleuses*** son regard sur le quotidien des mamans, qui sont toutes au foyer, que ce soit à plein temps ou non. Lydia et son mari Jidé sont tous deux passionnés d'entrepreneuriat, sans compromettre famille ni santé. Ils vivent sous le soleil de Montpellier et sont les parents de Timeo et Lévie.

www.lydialevant-bol.fr
www.bol2bealive.com

LAURE MELLON

Laure est mariée à Fred et maman de deux enfants de 3 ans et 6 mois. Actuellement en congé parental, pour elle, être « au foyer » chaque jour est un défi, à l'école de la patience et de l'amour désintéressé. Elle est par ailleurs passionnée de relations humaines et largement investie dans sa communauté auprès des femmes. Et quand elle a un peu de temps libre, elle aime cuisiner, scrapper, coudre et crocheter pour rendre la vie plus belle dans son foyer.

MARION MIROU

Il était une fois la charmante princesse Tam-Tam qui vivait au pays de Brive. Avec sa comparse Chi-Chi, elle faisait profiter la blogosphère de ses lectures. De la romance, de la vraie, avec des princes charmants et tout et tout. Alors, quand princesse Tam-Tam est devenue maman de sa majesté Octave, elle s'est dit que romance et fabulosité au foyer se devaient de faire bon ménage. C'est ainsi qu'aujourd'hui, Princesse Tam-Tam s'adresse aux mamans qui comme elle, ont toujours un bouquin sous la main et qui ont pris la décision solennelle de lire, envers et contre tout !

www.inneedofprincecharming.com

DELPHINE MOUGEL KAPITANIUK

Delphine est mariée à Timothée. Ils sont les parents de Lucie, Manon, Julia, Ethan et Naël. Dans ces cinq miracles, l'autisme s'est invité. Il n'était pas prévu au programme des festivités, alors ils se sont adaptés ! Delphine est une maman bloggeuse, authentique et déroutante, par sa sincérité, sa joie de vivre et sa rage de vaincre. Sa devise : « La vie n'est pas toujours la fête que nous espérions. Mais puisque nous sommes là, dansons ! »

www.aufildelaitre.tumblr.com

SARAH PINTO

Diplôme de marketing et communication en poche, c'est d'abord en agence de communication que Sarah a cru voir sa carrière se dessiner. Mais ça c'était avant ! Avant de tomber amoureuse de la vie entrepreneuriale, de ses rebondissements et de son enivrant parfum d'indépendance. Aujourd'hui consultante média et relations presse pour sa propre structure, cette working girl hyperactive et curieuse partage son temps entre sa passion pour l'écriture, la musique, les rues de Paris et son désir de voir le potentiel de chaque femme s'épanouir. Mariée à Jonathan, son amour de lycée et maman d'une princesse autoproclamée prénommée Sékia, quand elle ne chronique pas pour les ***Fabuleuses au foyer***, elle le fait pour son propre blog.

www.letstalkabout.fr

STÉPHANIE DE TELLIER

Stéphanie vit à Grenoble. Elle est urbaniste. Elle est aussi créativité, collectif, business, rigolade, canapé, mug de thé. Elle est, comme nous toutes, une maman qui a une maison pas *über clean*, des paniers de linge sale qui débordent, des repas sur le pouce, pas local et pas bio. Stéphanie aime profiter de la vie avec son fabuleux Romain et sa jolie Mathilde. Elle s'adresse aux femmes, qui sont aussi des mamans, qui sont aussi des travailleuses, qui sont parfois des épouses, et qui ont juste besoin d'être valorisées.

TABLE DES MATIÈRES

CE LIVRE
EST ISSU DU SITE
www.FABULEUSESAUFOYER.com

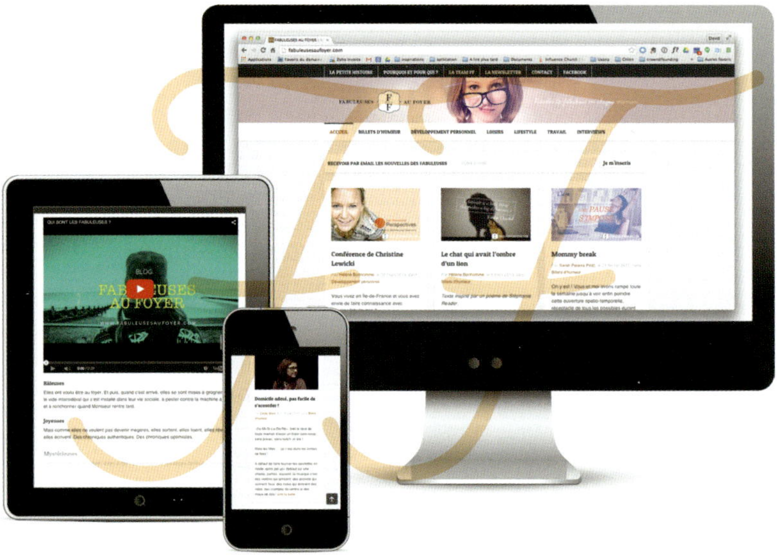

abuleuses au foyer est une communauté de digital mums qui cherchent à révéler la fabuleuse en chaque maman. Lancé par Hélène Bonhomme en mars 2014, le site réunit une dizaine de chroniqueuses qui partagent leurs humeurs, astuces et fous rires sur l'art d'être une maman au XXIe siècle.

Des fabuleuses dans votre ville ?

Vous êtes persuadée que derrière chaque femme se cache une fabuleuse ?

Vous souhaitez révéler le potentiel de chacune de vos amies mamans ? Organisez dès aujourd'hui votre événement de fabuleuses ! Contactez-nous pour découvrir plein d'idées de fabuleuses soirées.

www.fabuleusesaufoyer.com

Thés

contact@fabuleusesaufoyer.com

Invitez-nous à votre événement

Vous organisez un événement sur le thème de la femme ou de la famille ? Vous souhaitez mettre à l'honneur la fabuleuse qui sommeille en chaque maman ? N'hésitez pas à nous contacter. Nous serions heureuses de vous aider à faire de cette journée une véritable réussite.